历)史)的)丰碑 丛)书)

中国史学的圭臬
司马迁

黄中业　编著

吉林人民出版社

图书在版编目(CIP)数据

中国史学的圭臬——司马迁 / 黄中业编著 . -- 长春：
吉林人民出版社，2011.4 （2025.4 重印）
（历史的丰碑丛书）
ISBN 978-7-206-07615-2

Ⅰ . ①中… Ⅱ . ①黄… Ⅲ . ①司马迁（约前 145～前
90）－生平事迹－青年读物②司马迁（约前 145～前 90）－
生平事迹－少年读物 Ⅳ . ① K825.81-49

中国版本图书馆 CIP 数据核字 (2011) 第 037560 号

中国史学的圭臬　司马迁

ZHONGGUO SHIXUE DE GUINIE　SIMA QIAN

编　　著:黄中业

责任编辑:郝晨宇　　　　　　封面设计:孙浩瀚

制　　作:吉林人民出版社图文设计印务中心

吉林人民出版社出版 发行 (长春市人民大街7548号　邮政编码:130022)

印　　刷:北京一鑫印务有限责任公司

开　　本:787mm×1092mm　1/16

印　　张:8　　　　　　　字　　数:72千字

标准书号:ISBN 978-7-206-07615-2

版　　次:2011年4月第1版　印　　次:2025年4月第3次印刷

定　　价:35.00 元

编者的话

"欲知大道，必先为史"。

回溯人类的足迹，人们首先看到的总是那些在其各自背景和时点上标志着社会高度和进步里程的伟大人物。他们是历史的丰碑，是后世之鉴。

黑格尔说："无疑，一个时代的杰出个人是特性，一般说来，就反映了这个时代的总的精神。"普希金说："跟随伟大人物的思想是一门引人入胜的科学。"

以史为鉴，面向未来。作为21世纪的继往开来者，我们觉得，在知史基础上具有宽广的知识结构、开阔的胸襟和敏锐的洞察力应是首要的素质要求，而在历史的大背景中追寻丰碑人物的思想、风范和足迹，应是知史的捷径。

考虑到现代人时间的宝贵，我们期盼以尽量精短的篇幅容纳尽量丰富的信息，展现尽量宏大的历史画卷和历史规律。为此，我们编撰了这套丛书。

编撰丛书的过程，也是纵览历代风云、伴随伟人心路、吸收历史营养的过程。沉心于书页，我们随处感受着各历史时期伟大人物所体现的推动历史进步的人类征服力量。我们随着伟人命运及事业的坎坷与辉煌而悲喜，为他们思想的深邃精湛、行为的大气脱俗而会意感慨、拍案叫绝。

然而，在思想开始远游和精神获得享受的同时，我们也随之感受到历史脚步的沉重和历史过程的曲折。社会每前进一步都是艰难的，都伴随着巨大的痛苦和付出。历史的伟大在于它最终走向进步，最终在血污中诞生了鲜活的"婴孩"。

历史有继承性和局限性，不能凭空创造。伟人也有血肉，他们的思想、行为因此注定了同样具有历史的局限性和阶级的、时代的烙印；他们的功业建立于千千万万广大人民群众伟大创造的基础上。历史是人民群众创造的，伟大的人物们是历史和时代造就的。同时，我们也无法否定此间他们个人的努力。这也正是我们编撰这套丛书的目的。

我们期盼着这套丛书得到社会的认同，对读者，特别是青少年读者之历史感、成就感和使命感的培养有所裨益。史海浩瀚，群

星璀璨。我们以对广大青少年读者负责的精
神，精心遴选，以助力青少年成长进步，集
结出版了《历史的丰碑》系列丛书，敬请读
者批评、指正。

历史的丰碑丛书

编 委 会

策 划： 胡维革　吴铁光
　　　　林　巍　冯子龙
主 编： 胡维革　邢万生
副主编： 贾淑文　谷艳秋
编 委：（按姓氏笔画为序）
　　　　于二辉　刘士琳
　　　　刘文辉　孙建军
　　　　李艳萍　吴兰萍
　　　　杨九屹　隋　军

中华民族有着悠久的历史和灿烂的文化，曾涌现出许多伟大的历史人物。汉代大史学家、文学家司马迁在史学和文学上的成就，对后世都有着巨大的影响。司马迁不仅在学术上有令人惊叹的高深造诣，而且有着很高尚的道德修养。他在受到腐刑的不幸遭遇后，忍辱负重，坚持完成了《史记》一书的写作。司马迁在史学、文学上的杰出成就，体现在不朽的《史记》书中；而《报任安书》这篇催人泪下的作品，事实上回答了他是在怎样一种情况下完成《史记》写作的。鲁迅先生称《史记》是"史家之绝唱，无韵之《离骚》"，从史学和文学两个方面肯定了《史记》一书的伟大成就和司马迁在中国文化史上的崇高地位。

目　录

武盛世　太史世家

> 颂其诗，读其书，不知其人可乎，是
> 以论其世也。
>
> ——《孟子·万章下》

中国有句古语，叫作"时势造英雄"。如果说，汉、唐二代是中国封建社会的两大盛世，在唐代的盛唐年间出现了伟大的诗人李白、杜甫、白居易，那么，在汉武帝的汉代盛世，所产生的伟大史学家、文学家则是司马迁。无数的历史事实表明，是伟大的时代，造就了一批批伟大历史人物。像司马迁这样一位在中国史学史和文学史上享有崇高地位的伟大的史学家和文学家，如果不把他同所处于的时代联系起来，使他"回归"到他所生活的那个时代之中，我们又怎能认识和理解他所取得的那些伟大成就呢？战国中期大思想家孟轲所说的"知人论世"原则，是很有道理的。

汉武帝在位期间的西汉王朝，是怎样一种情况呢？

我们知道，公元前221年，秦始皇完成了统一六

←司马迁塑像

国的大业，建立了中国历史上第一个空前统一的中央
集权制封建王朝。然而，秦始皇特别是秦二世的暴政，
使广大人民无法生活下去，终于在公元前209年爆发
了陈胜、吴广所领导的大泽乡起义。秦末农民大起义
的怒火，埋葬了秦王朝。接着而来的是长达5年之久
的楚汉战争。公元前202年，刘邦于垓下打败项羽，
同年10月在定陶即皇帝位，建立了中国历史上的西汉
王朝。

　　秦王朝的残暴统治和连年的战乱，受难最为深重
的是广大的劳动人民。西汉建国之初，面临着异姓诸
侯王拥兵自重、北方匈奴不断骚扰、社会经济凋敝、
百废待兴的局面。刘邦是秦末农民大起义的领袖人物
之一，他目睹了秦王朝因施行暴政二世而亡的事实，
对于"失人心者失天下，得人心者得天下"的道理有
着深切的体会。为了实现汉王朝的"长治久安"，刘邦

面对着汉初的严峻形势，制定了"轻徭薄赋、与民休息、宽刑惠民"的施政方针，把主张"清静无为"的"黄老思想"奉为治理国家的指导思想。继刘邦之后的西汉皇帝，特别是文帝、景帝在位期间，坚定不移地执行刘邦所制定的政策，使西汉王朝在政治上得到了安定，经济上得到了恢复，学术文化上也颇有起色，这就是史书上所大加称道的"文景之治"。从刘邦即皇帝位到汉景帝刘启逝世，首尾62年。这62年中，西汉王朝解决了铲除异姓诸侯王、粉碎吕氏篡权、平定吴楚七国之乱等一系列重大政治问题，在政治局面上安定下来，同时在社会经济方面，也取得了恢复和发展。

东汉史学家班固在《汉书·食货志》中，对汉武帝即位之初的经济形势有一段生动的描绘。

自汉代建国到武帝即位之初的70年间，国家无事。除非遇到水旱灾害，都是人给家足，丰衣足食，都鄙仓廪中积满了粮食，国家的府库中存有余财。京师钱府中的钱，累百巨万；国家太仓中的积粟也因太多而暴露在仓外，年久腐败而不能食用。百姓的街巷之间，家家养有马匹，田野之间马匹成群；如有人乘喂乳的雌马参加聚会，便会被人笑话，并被排斥在聚会之外。当时人人都知道自爱，不肯轻易触犯法律。

司马迁纪念馆

　　《食货志》对武帝即位之初国家经济情况的描绘，虽然难免有片面或夸大之处，但汉初社会经济在70年间获得恢复和发展，则是不容否认的事实。

　　汉武帝刘彻是汉景帝刘启的儿子，于公元前140年即皇帝位，在位50多年间，在文景之治所提供的政治稳定、经济发展的物质基础上，进一步强化了封建的中央集权的专制制度，沉重地打击了地方割据势力。是经济实力的增强和国家财政收入的增长，使汉武帝有能力在公元前127年、121年和119年与匈奴的战争中取得了决定性的胜利，消除了自西汉建国以来匈奴对边境的骚扰和威胁；张骞出使西域的成功和西域都护府的建立，使天山南北地区与内地联为一体，以汉民族为主体的多民族统一国家已经形成。政治思想上尊崇儒术，设立五经博士，在学术文化上取得初步繁荣。以司马相如的《子虚》《上林》等名篇为代表的"散体大赋"，深受汉武帝的青睐。总之，继"文景之治"之后而出现的汉武帝的"文治武功"，标志着中国封建时代的第一个"盛世"即汉武盛世的到来。司马迁和他的《史记》，便是在这一盛世中于史学、文学领域升起的一颗耀眼明星，是史学与文学殿堂中的一枚夺目的瑰宝。

　　司马迁和《史记》所取得的伟大成就，除得益于

→汉代石碑

汉武盛世这样一个伟大的时代外，也同他出身的太史世家有着密切的关系。据《史记·太史公自序》说，司马迁的祖先，最早可上溯到传说时代颛顼时的重黎氏。重黎氏担任"火正"官职，专门掌管地上的事情，与专门掌管天上事情的"南正"官职在分工上有所不同。在周宣王时代，重黎氏的后人程伯休父失去了重黎氏世代相传的职守，担任"司马"官职，从此便以官为氏，称司马氏。

上述楚国大夫观射父对楚昭王讲的故事，是很渺

茫的远古传说。司马迁在《自序》中称引这一渺茫的传说，不过是为着表明自己的家世是一个悠久的史官家世罢了。这就是司马迁所说的"司马氏世典周史"。春秋战国期间，司马氏家族作史官的系统中绝，分散到各地担任其他官职。司马迁出身的这一支，在公元前620年由晋迁到少梁。战国时代，少梁这支司马氏出了一个名叫司马错的，在秦惠文王时主张代蜀，因有功而留守于蜀。秦昭襄王时，司马错的孙子司马靳任秦国名将白起的部将，同白起一道在咸阳西门外的杜邮被逼自杀。秦始皇时，司马靳的孙子司马昌，在秦国任管铁的官。司马昌的儿子司马无泽，在汉初为长安四市的一个市长。司马无泽的儿子叫司马喜，为五大夫，这是秦汉时期二十等爵位中的第九等爵位，从这级爵位以上的，都被称为"高爵"。司马喜的儿子叫司马谈，任汉太史令，他便是司马迁的父亲。司马迁的太史世家，实际上只能是从他父亲的这一代算起。对司马迁给予深刻影响的，是他做太史令的父亲司马谈，这对他后来写作《史记》，有着很重要的关系。

司马迁的故事

（一）

司马迁幼年是在韩城龙门度过的。龙门在黄河边上，山峦起伏，河流奔腾，风景十分壮丽。这条中华民族的母亲之河滋养了幼年的司马迁。他常常帮助家里耕种庄稼，放牧牛羊，从小就积累了丰富的农牧知识，养成了勤劳吃苦的劳动习惯。在父亲的严格要求下，司马迁10岁就阅读古代的史书。他一边读一边做摘记，不懂的地方就请教父亲。由于他格外的勤奋和绝顶的聪颖，有影响的史书都读过了，中国三千年的古代历史在头脑中有了大致轮廓。

后来，他又拜大学者孔安国和董仲舒等人为师。他学习十分认真，遇到疑难问题，总要反复思考。

一天，快吃晚饭

→董仲舒

了，父亲把司马迁叫到跟前，指着一本书说："孩儿，近几个月，你一直在外面放羊，没工夫学习。我也公务缠身，抽不出空来教你。现在趁饭还不熟，我教你读书吧。"司马迁看了看那本书，又感激地望了望父亲："父亲，这本书已经我读过了，请您检查一下，看我读得对不对。"说完把书从头至尾背诵了一遍。

听完司马迁的背诵，父亲感到非常奇怪。他不相信世界上真有神童，不相信无师自通，也不相信传说中的神人点化。可是，司马迁是怎么会背诵的呢？他百思不得其解！

第二天，司马迁赶着羊群在前面走，父亲在后边偷偷地跟着。羊群翻过村东的小山，过了山下的溪水，来到一片洼地。洼地上水草丰美，绿油油的惹人喜爱。司马迁把羊群赶到草地中央，等羊开始吃草后，他就从怀中掏出一本书来读，那琅琅的读书声不时地在草地上萦绕回荡。看着这一切，父亲全明白了。他高兴地点点头，说："孺子可教！孺子可教！"

（二）

从20岁起，司马迁开始到各地游历，考察历史和风土人情，为他日后编写史书提供了充足的史料，保证了《史记》的真实性和科学性。

他漫游过汨罗江畔，在汨罗江畔，在当年屈原投江自沉的地方，他高声朗诵着屈原的诗，他痛哭流涕，所以他的《屈原列传》写得那么有感情，对屈原故地的考察，使他在学习屈原的基础上来写屈原的。

在韩信的故乡淮阴，他搜集了许多有关韩信的故事，他亲自去问别人，探求当年韩信受胯下之辱，韩信为什么能够受胯下之辱而不发怒？而不愿意去做出非法的事来，为什么忍了。韩信那么高的个子，从一个流氓两条腿之间爬过去，如果按照他的个性，一刀就把他杀了。韩信后来帮助刘邦推翻了秦王朝，建立了西汉，封王封侯，回到了故乡，韩信自己说，如果当初我把你杀了，我就没后来的建功立业，所以小不忍则乱大谋。

在曲阜他去瞻仰了孔子的墓，还和孔子故乡的一些儒生在一起揽衣挽袖、一步一揖，学骑马、学射箭，学行古礼，以此表达他对孔子的纪念。

在孟尝君的故乡薛城，他走乡串巷，考察民风，他考察这个地方的民风跟当年孟尝君好客养士有什么关系，所以他走一路、考察一路。

司马迁在漫游的旅程中，不放过任何一个了解历史的人，不放过任何一个存留于人们口碑上的故事，获得了许许多多从古籍当中所得不到的历史材料，同时他深入民间，广泛地接触了人民群众的生活，使得他对社会、对人生的观察和认识逐渐深入。

太史令

太史令也称太史，官职名，夏代末已有此职。西周、春秋时太史掌管起草文书，策命诸侯卿大夫，记载史事，编写史书，兼管国家典籍、天文历法、祭祀等，为朝廷大臣。秦汉设太史令，职位渐低。魏晋以后修史的任务划归著作郎，太史仅掌管推算历法。隋改称太史监，唐改称太史局，肃宗时又改为司天台。宋代有太史局、司天监、天文院等名称。辽称司天监，金称司天台。元代改称为太史院，与司天监并立，但推步测算之事都归太史院，司天监仅余空名。明、清两代，均称钦天监；至于修史之事则归于翰林院，所以对翰林亦有"太史"之称。

司马迁名言

1.西伯幽而演《周易》；仲尼厄而作《春秋》；屈原放逐，乃赋《离骚》；左丘失明，厥有《国语》；孙子膑脚，《兵法》修列；不韦迁蜀，世传《吕览》；韩非囚秦，《说难》《孤愤》。《诗》三百篇，大氐贤圣发愤之所作也。

2.人固有一死，或重于泰山，或轻于鸿毛。

3.一死一生，乃知交情。一贫一富，乃知交态。一贵一贱，交情乃见。

4.好学深思，心知其意。

5.衣食足而知荣辱，仓廪实而识理义。

6.勇怯势也，强弱形也，审矣，何足怪乎。

7.天下熙熙，皆为利来，天下攘攘，皆为利往。

8.究天人之际，通古今之变，成一家之言。

9.士为知己者死。

10.千人之诺诺，不如一士之谔谔。

11.所以隐忍苟活，函粪土之中而不辞者，恨私心有所不尽，鄙没世而文采不表于后也。

文景之治

文景之治是指中国西汉汉文帝、汉景帝统治时期。汉初，社会经济衰弱，朝廷推崇黄老治术，采取"轻徭薄赋""与民休息"的政策。文帝二年（公元前178年）和十二年（公元前168年）分别两次"除田租税之半"，即是租率最终减为三十税一。文帝十三年，还全免田租。同时，对周边敌对国家也不轻易出兵，维持和平，以免耗损国力。这就是轻徭薄赋的政策。

文帝生活也十分节俭，宫室内车骑衣服没有增添，衣不曳地，帷帐不施文绣，更下诏禁止郡国贡献奇珍异物。因此，国家的开支有所节制，贵族官僚不敢奢侈无度，从而减轻了人民的负担，这就是休养生息的政策。

汉文帝重视农业，曾多次下令劝课农桑，根据户口比例设置三老、孝悌、力田若干人员，并给予他们赏赐，以鼓励农民生产。

汉文帝

文帝、景帝奖励努力耕作农民，劝解百官关心农桑。每年春耕时，他们亲自下地耕作，给百姓做榜样。他们提倡节俭，并以身作则。文帝在位二十多年，宫室、园林没有什么增加。他修建自己的陵墓，要求从简，不许用金银等装饰，只能用陶瓦。

随着生产日渐得到恢复并且迅速发展，出现了多年未有的稳定富裕的景象。史称："京师之钱累巨万，贯朽而不可校。太仓之粟陈陈相因，充溢露积于外，至腐败不可食。"

文景时期，重视"以德化民"，当时社会比较安定，使百姓富裕起来。到景帝后期时，国家的粮仓丰满起来了，新谷子压着陈谷子，一直堆到了舱外；府库里的大量铜钱，多年不用了，穿钱的绳子烂了，散钱多得无法计算了。历史上称这一时期的统治为"文景之治"。

文景之治使人民的生活水平得到了很大程度的提升，同时汉王朝的物质基础大大增强，是中国皇权专制社会的第一个盛世。文景之治是中国历史上的经济文化发展水平最高的盛世。文景之治也为后来汉武帝征伐匈奴奠定了坚实的物质基础。

童年耕牧　受学名师

> 古之学者必有师。师者，所以传道授业解惑也。
>
> ——韩愈

汉武帝建元六年（公元前135年），司马迁诞生于汉太史令司马谈之家（另一种说法是司马迁生于汉景帝中元五年，即公元前145年）。在西汉，太史令是掌管历史与天文的官职，秩禄是600石，与下大夫和县令的秩禄相当。司马谈以一个史学家和天文家的身份

今陕西韩城砖雕

→今陕西韩城门墩

在朝廷担任官职，可他的家眷却仍然居住在祖籍的所在地少梁（今陕西韩城），这便是《太史公自序》中所说的"太史公既掌天官，不治民，有子曰迁，迁生龙门"。

龙门即今陕西韩城县北横跨黄河两岸的龙门山，《尚书·禹贡》对龙门这座古代名山曾有所记载。龙门

山的主峰在今山西河津县北。黄河自北面曲转而向南，流经峡谷，河道狭窄，水流湍急，咆哮万里，自穿过龙门后，流入平原，河面始宽，流势渐缓。以龙门为界，由于南北地理形势的不同，黄河上下两段的不同景观，在龙门的交汇中，不仅愈发显示出各自的气派、风格和奇妙，而且令人遐想万千，自古以来便是人们不断驰骋幻想的一个神奇的地方。清朝乾隆年间编写的《韩城县志》，把远古时代留下来的传说讲得更加生动。据传说，龙门山对峙黄河两岸的形势，是当年大禹治水时为疏导黄河而开凿的。山上的"相工坪，广2丈余，长4丈余，片石临河，莹洁可爱"，相传是大禹当年督工时所站立的地方。又传说黄河流到龙门山，"两岸皆断山绝壁，相对如门，惟神龙可越，故曰龙门"。又传说每年总有几千条鱼到龙门山下集合，准备跳龙门，跳上去的便成龙飞天，跳不上去的便只好碰壁而返。后来人们所说的"鲤鱼跳龙门"，便是从这个传说故事演绎而来的。

事实上，龙门山在今韩城县北50里，而司马迁的六世、四世、三世祖先都安葬在韩城县南20里的芝川镇，司马迁的墓和祠堂也在这里。可见，韩城县芝川镇，是司马迁家族自他六世祖以来生存死葬的地方，也是司马迁的出生地。司马迁正是在芝川镇度过了他的童年时代。《自序》中司马迁自称生于龙门，是因为龙门的名气很大，就在自己家门的北面。秀丽山川的神奇与灵气，是大自然的恩赐，童年时代的司马迁怎能不从中受到沐浴和熏陶呢？这不正是人们所说的一方水土养育一方人吗？

　　有关司马迁童年时代的生活，传留下来的资料很少，唯有《自序》中所述的"耕牧河山之阳"。古人称"河之北，山之南"为"阳"，芝川镇正在龙门山南。司马迁从六世祖先以来，世代为官，父亲又任汉太史令，他怎会在童年时代有过在山河之间耕作、放牧的经历呢？这种情况，可能与他的祖父有关。祖父司马喜有五大夫的第9等爵位，但没有任何官职，很可能是汉文帝时期因务农而致富，又可能因向国家多交粟米而买得的爵位。果真如此，司马迁童年时代在祖父管理下

→司马坡侧面（临黄河一面）

的务农大家庭中，参加田间的一些零星的农活，帮助家人做些放牧的事，这些辅助性的劳动，是很正常的。在龙门山下，黄河岸边，作一点耕牧之类的事，这可以使童年司马迁感受壮丽山川的恩赐，面对秀丽山川，耳闻种种历史故事和神话传说，引起他无数天真的遐想。"耕牧河山之阳"是司马迁童年时代的一段重要经历，同他后来的成长不能说没有关系，因此被他写入《自序》之中。

司马迁在追忆他的童年时代时，只在《自序》中留下了"耕牧河山之阳"6个字。他的少年时代呢？《自序》中也只是写道："年十岁，则诵古文"，不过是7个字而已。

像司马迁所出身的这样一个家庭，父亲又担任汉太史令，学识渊博，精通历史和天文历法，他童年时代虽然有过"耕牧"的经历，但他的读书识字、写字的学童生活，早在童年时代已经开始。事实上不仅是开始，而是在10岁以前已经阅读了包括"经书"在内的大量古书。这对于司马迁这样出身的学童来说，应属于正常现象，因此司马迁在《自序》中没提到童年读书的事。而"耕牧于河山之阳"，则不是像他这样家庭出身的童子必有的经历，再加之他对这种经历的特殊情趣，所以记载在《自序》之中。

　　《自序》中的"年十岁则诵古文"表明，司马迁在10岁以前确实阅读了大量"今文"书籍。所谓"古文"是指汉武帝年间在孔子旧宅壁中所得到的用战国时期文字写成的《尚书》《仪礼》《论语》《孝经》等一批经书。而汉代的经书和其他书籍则是用隶书文字写成的，被称为"今文"。今文经书和古文经书不仅在原文和篇章上有出入，而且在解释上也很不相同，这些我们暂且不去说它。司马迁《自序》中的"年十岁则诵古文"，表明他10岁以前已读了不少今文经书，到了10岁的时候又开始读古文经书。

　　司马迁在10岁左右随同父亲来到都城长安，这就为他拜访名师求学提供了极为便利的条件。当时，今

→黄河龙门——司马迁祠墓

文学派的经学大师是著名的董仲舒，这个人专门研究孔子的《春秋》一书，提出了许多维护封建专制制度的理论，很推崇孔子，对孔子的学说作了许多新的解释，为当时政治服务，在当时的学术界地位很高，汉武帝很欣赏他。司马迁是否曾拜董仲舒为师，史书上无有记载，但董仲舒的《春秋》学说对青年司马迁有很大的影响，则是事实。后来司马迁效法孔子作《春秋》而作《史记》，便同他青年时期所受到的这种影响有关。

司马迁拜孔安国博士学习古文《尚书》，见于《汉书·儒林传》的记载。孔安国是当时古文学派的经学大师，为古文《尚书》作过注释，称《尚书孔安国传》，这部书后来失传了。司马迁作《史记》时引用《尚书》中的《尧典》《禹贡》《洪范》《微子》《金滕》等篇的史料，便是采用孔安国所注释的古文《尚书》的说法。

西汉时期经学上的今文学派和古文学派，各有自己的长处和短处。司马迁兼学今文学派与古文学派两位大师董仲舒、孔安国的《春秋》学说和《尚书》学说，取其所长，这使他在青年时代便汲取了当时学术上的精华，从而丰富了自己的学术思想，为初步形成自己的学术体系打下了坚实的基础。

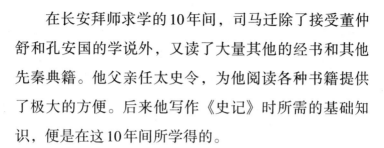

在长安拜师求学的10年间，司马迁除了接受董仲舒和孔安国的学说外，又读了大量其他的经书和其他先秦典籍。他父亲任太史令，为他阅读各种书籍提供了极大的方便。后来他写作《史记》时所需的基础知识，便是在这10年间所学得的。

司马迁在长安求学的10年，正是汉武帝的"文治武功"大放异彩的10年：

公元前121年，这一年，青年将军霍去病大败匈奴，在河西走廊设立了武威、张掖、酒泉、敦煌4郡。

公元前120年，这一年，汉武帝开始设立乐府，由大文学家司马相如作词，大音乐家李延年制谱并领导演奏。

公元前119年，这一年，卫青、霍去病率领几十万大军，北击匈奴并取得了决定性的胜利，彻底消除了西汉建国以来匈奴对北部边防的威胁。这一年，张骞奉命第二次出使西域并获得成功，西汉王朝同西域各国在政治、经济和文化方面建立了密切的友好往来关系。

事实表明，司马迁的青少年时代，正是汉武帝盛世的巅峰时期。汉帝国经济文化上的繁荣和汉武帝的文治武功，给青年司马迁的感受之深是可以想见的。司马迁正是在这样一个千载难逢、得天独厚的时代里，从前辈

那里接受了渊博的知识；而汉帝国的昌盛繁荣又陶冶了他的性情，使他树立起了报效时代的伟大理想。总之，是伟大的时代，为他成为伟大的史学家并写出不朽的《史记》，提供了必不可少的历史条件。

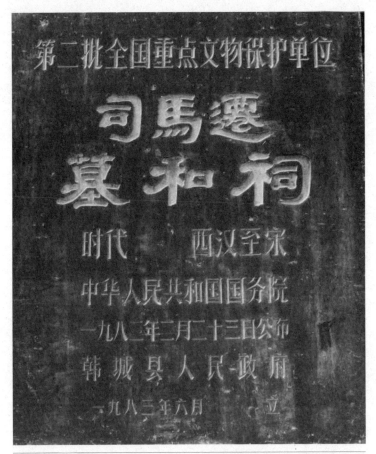

汉太史司马迁祠墓位于陕西韩城市芝川镇之高岗上，地势高亢，形式壮阔。

司马迁祠

相关链接

XIANGGUAN LIANJIE

太史祠墓

司马迁祠墓始建于西晋永嘉四年（310年），距今已有近1700年。"夏阳太守殷济，瞻仰遗文，慕其功德，遂建石室，立碑，树柏。"又据县志载："水经注：子长墓有庙，庙前有碑。晋永嘉四年汉阳太守殷济，瞻仰遗文，大其功德，遂建石室立碑树柏。"太史公曰："迁生龙门，是其坟虚所在矣。"北宋时期重建寝宫。以后，千余年来屡经修缮，增建。

司马迁在自序中说："昌（高祖）生无泽（曾祖），无泽为汉市长。无泽生喜（祖），喜为五大夫，卒，皆葬高门。"今崇东乡有高门村，高门村南距祠墓约四华里有司马迁先茔。

大规模扩建太史祠，是清康熙七年（1668年）。这次扩建在司马坡上架了一座天桥，用车把南塬上的土拉到司马祠前。没有几天，就填起堂基长9.6丈，宽5.6丈，把明堂填得又高又宽。为求巩固又将堂基及右岸用灰砖三层，从外严加封裹。基下左侧沟涧，自东绕而前，也填沟数丈为神路，并用砖石砌成99层台阶，拾级而上，高入云表。

从建筑角度讲，太史祠虽然建筑规模不大，形式气派却和司马迁的人格、文章、事业一样，超拔于群。它是依据山岭的天然地形，不受中国建筑传统对称布局限制，经过精心擘画，建筑成高峻挺拔、气势雄伟的太史祠，和周围环境非常协调。据古建筑专家鉴定，这座宋代建筑对我们了解和研究中国古建筑的发展和演变以及地区建

司马迁祠墓

筑上的相互影响，提供了重要实物资料。太史祠墓不仅是我国文化史上的宝贵遗产，同时也是研究我国建筑史的一个有代表性的实物史料。

新中国成立后，党和人民政府对太史祠极为重视，加强保护。1956年8月6日，省人民政府公布司马迁祠墓为陕西省第一批文物保护单位。1957年拨款进行了重修。1982年国务院公布司马迁祠为第二批国家文物保护单位。韩城市于1973年6月成立了"司马庙文管所"。1978年以来先后将韩城市境内的彰耀寺、三圣庙、禹王庙、河渎碑、兴善寺山门搬迁至祠内。形成古建筑群。1986年11月至1989年3月，国家又投资230万元对祠台和北坡进行了加固维修。

→韩城司马迁祠

二十漫游　奉使侍从

马迁览潇湘，泛西湖，历昆仑，周览
名山大川，而其襟怀乃益广。

——毛泽东

如果说司马迁从童年到20岁所读的书是"有字的书"，那么，他从20岁那年开始漫游天下，游览名山大川，还有后来的奉使西征，侍从汉武帝巡行四方，可以说成是读"无字的书"，这便是他游览各地时的调查访问与耳闻目睹。漫游天下时的感受与思考，调查访问得来的大量第一手材料，同他所掌握的大量文献资料相结合，使司马迁撰写《史记》有了全面

←司马迁

而丰富的史料来源。这也是司马迁《史记》获得成功的必不可少的重要条件之一。

司马迁20岁的这年，开始漫游天下。这次漫游是出于他个人的意愿，还是由于父亲的指示？出游是为了日后撰写史书准备资料，还是在饱读以往史书后为寻求古人与先人遗迹的一种感情上的驱动？或者说就是为游览名山大川以宽广自己的胸襟，史书上并无记载，他在《自序》中也没有交代。很可能是以上各种原因兼而有之吧，司马迁决定漫游天下，不会是出自单一的一种原因和考虑。

司马迁这次漫游的路线，第一段行程是"浮于沅湘"，大概是从京师长安出发后，出武关，经南阳到达

→司马迁祠墓

南郡渡过长江，溯湘江而上，到达湖南省宁远县境内的九嶷山。传说帝舜南巡时，死后葬在这里。然后沿沅水顺流而下，到达长沙。亲临屈原投水自尽的汨罗江。由于司马迁早已读过屈原《离骚》《天问》《招魂》《哀郢》等作品，面对汨罗江滔滔的流水，触景生情，于是伤心地哭了。长沙又是西汉文帝时贾谊被从京师排挤出来后任职的地方，贾谊又写过《吊屈原赋》《鹏鸟赋》，这更增加了司马迁对屈原以及贾谊的悼念之情。在司马迁心目中，屈原是他最为崇敬的伟大爱国诗人。

漫游的第二段行程，是沿长江顺流而下，"南登庐山"。这一带河流密布，"皆东合为大江"，司马迁在漫游途中考察了所谓"禹疏九江"传说中的一些遗迹。

漫游的第三段行程是继续沿长江顺流而下，"上会稽，探禹穴"。会稽山有着关于大禹的更多传说，传说大禹曾在这里大会诸侯，并死在这里，安葬于此。会稽山上有一个山洞，传说禹曾经进去过，所以被后人称为"禹穴"。司马迁到此也上去探察一番。会稽山又是春秋时代越王勾践卧薪尝胆、准备向吴国报仇的地方，司马迁读史时早就知晓此事，这次又在当地搜集了一些长久以来流传着的故事。

会稽郡的名山，除会稽山外，还有吴县的姑苏山。司马迁登上姑苏山后，眺望星罗棋布、天水相连的数不清的大小湖泊，即所谓"五湖"，心境又别是一番滋味。在吴县，司马迁还参观了战国时代楚国封君春申君黄歇的故城及其规模宏大的宫殿的遗迹。

漫游的第四段行程是渡江北上，到达淮阴。这里是刘邦手下大将韩信的故乡和他受封为淮阴侯的地方，

→位于四川北川县的禹穴沟

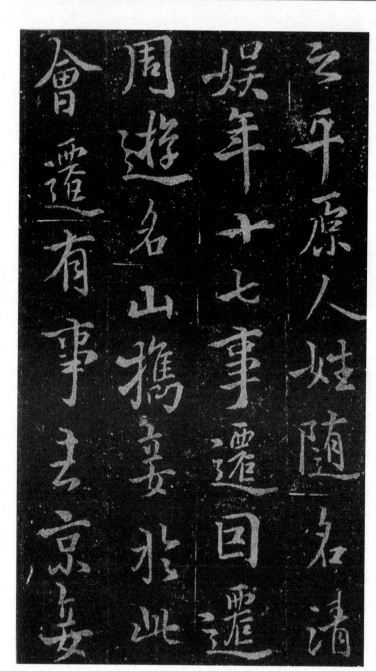

←司马迁妾随清娱墓志

→ 张廷济跋《司马迁妾随清娱墓志》

当地流传着许多有关韩信的故事，什么受胯下之辱了，受漂母的馈食了，特别是身为平民时为母亲选择空阔高爽的旷野作为墓地、以备日后自己显贵时在墓地左近发展成为万户的城市了，如此等等。司马迁来到这里后，亲自察看了韩信母亲墓地周围的形势。

漫游的第五段行程是"北涉汶泗"，讲业齐鲁之都，观孔子之遗风。司马迁自淮阴在淮河与泗水的汇合口沿泗水北上，到达了鲁国的都城曲阜。曲阜是孔子当年聚徒讲学的圣地，司马迁参观了占地宽广的孔子墓地，由孔子生前居屋和弟子宿舍改修而成的孔子庙，这里陈列着孔子的衣、冠、琴、车、书。司马迁在曲阜住了较长的时间，观看孔子的遗迹，看到了儒

生们按时习礼的情景。在这里，司马迁目睹孔子的遗风，仔细观察与默默地体会着孔子所编订的《六艺》书中所讲述过的人生哲理，心中对孔子充满了无限的崇敬。在曲阜逗留期间，是司马迁这次漫游历程中感受最深的时期，对他后来写作《史记》有着重要的影响。

离开曲阜后，司马迁又来到齐国的都城临淄，游览了一番。

"乡射邹峄，戹困鄱薛彭城"，是司马迁结束他这次漫游前的重要经历。公元前219年，秦始皇东巡天下，曾经上邹峄山刻石颂德。司马迁通过读史知道此事，这次漫游时也在邹县逗留下来，游览峄山，在这里学习饮酒、射箭的礼仪。

由峄山向南，经过当年齐国封君孟尝君田文的封邑——薛的故城。实地考察后，司马迁深感这里的民风强悍，与邹鲁地区大不一样。经询问当地父老得知，孟尝君当年喜好养士，不分好歹，兼容并收，来到薛地的亡命之徒多达6万余家。

从薛地再向南，司马迁来到楚汉战争时的兵家必争之地彭城（今江苏徐州市）。当年的"西楚霸王"项羽曾以彭城为都，在城下以3万精兵把刘邦率领的56万大军打得落花流水，只身逃命。彭城附近的沛县、丰县，是汉帝国开国皇帝刘邦和丞相萧何、曹参以及开国功臣樊哙、滕公夏侯婴、周勃、周苛、王陵、审食其、卢绾等人的家乡。在这里，司马迁听到许多关于刘邦和他手下的一大批文臣武将们在举行起义前前后后的生动故事，为他后来写作《史记》搜集了大量的第一手材料，使得他有条件把西汉初年的人物传记写得绘声绘色。

同孔子当年周游列国时饥饿于陈、蔡两国一样，司马迁漫游至薛地、彭城时，也感到很是穷困，然而对于历史人物和历史事件的神往，使得他并没因此而

→司马迁半身像

影响自己的漫游计划。

"过梁楚以归"表明，司马迁这次漫游的最后一段行程，是访问战国时期魏国的都城大梁。在大梁，他搜集了很多有关魏国的史料，特别是有关信陵君魏无忌的故事，亲自察看了信陵君门客侯嬴所看守的夷门，即大梁城的东门。由大梁回归长安的途中，司马迁还曾登上了河南省登封县境内的箕山，在山上观看尧舜时代的隐士许由的冢墓。

司马迁自漫游回到长安，大约在22岁的前后，入仕宫廷作了一名郎中。汉时的郎中无有定员，秩禄皆300石（实领37斛），职务是"掌守门户，出充车骑"。即是说，皇帝在宫中时，郎中充任宫廷卫士；皇帝外出时，郎中充任皇帝车驾的侍从。

公元前112年，司马迁24岁。这一年，汉武帝临雍，又西行越过陇山，到达甘肃的平凉以西，登空峒山，据说这是黄帝登过的地方。司马迁这次以郎中的身份护驾西行，所以他在《史记·五帝本纪》中说："余尝西至空峒"。

公元前111年，司马迁25岁。这一年，他奉汉武帝之命出使巴、蜀、滇中，从四川宜宾经邛笮到达云南昆明市。这次奉使西南少数民族地区的所闻所见，为他后来撰写《西南夷列传》积累了宝贵的资料。

《史记·五帝本纪》

公元前110年，司马迁26岁。这一年，他随从汉武帝到泰山封禅，然后由海上到达现在辽宁的锦县，经河北承德市、五原，然后回到长安，行程18000里。

公元前106年，司马迁30岁。这一年，汉武帝南巡至九嶷山，经安徽返回长安，司马迁随从南巡。

司马迁的20漫游、奉使西征以及多次随从汉武帝

巡行天下，致使他的足迹所至之处，东起大海，西至昆仑山；南起五岭，北至长城内外。汉帝国的版图之内，大多留下了他的足迹。他的"周览名山大川，而其襟怀乃益广"，说的是空间范围；而他在漫游中，探寻黄帝、尧、舜、禹以来的远古传说和汤、文王、武王以来的历史故事，直到汉初建国至汉武帝时的传闻佚事，则是他所要考察的时间上限与下限。正是在上述这样一个时间与空间范围之内，且看他漫游时搜寻历史上的传说与故事，考察历史留下的著名遗迹，亲自向所到之处的父老进行调查访问，这些耳闻目睹所得来的大量第一手资料，同他阅读典籍所掌握的资料相互印证和结合，使得中华大地上几千年来所发生的大事，尽在他的胸怀之中。这一切，不正是他后来撰写史记获得成功的重要前提条件吗？

先父遗嘱　继任太史

> 余死，汝必为太史。为太史，无忘吾
> 所欲论著矣。
>
> ——司马谈

　　如果说漫游、出使和侍从巡行为司马迁写作史记
提供了客观上的条件，那么，作为他撰写史记的最初
原动力，则是他父亲司马谈的临终嘱托。继承先父遗
志，是司马迁撰写史记的最初动机。事实上，司马迁
得益于家庭、父亲的，
远不止于这份临终
嘱托。为此，这
里有必要介绍
一下司马迁父
亲司马谈的情
况。

　　司马谈作
为汉武帝的太史
令，有着渊博的学

识。据《自序》所载，司马谈曾"学天官于唐都"。
"天官"，即观测日月星辰的天文学，天文星象和阴阳
吉凶是当时史官重要的职责之一。唐都是汉代著名观
测星象的专家，晚年曾和司马迁一道参加改定历法的
工作。同时，司马谈又"受《易》于杨何"。杨何是汉
初传授《易经》的著名学者。《易》讲阴阳吉凶，和天
文星象多少有些关系。司马谈究竟是为了做史官而学
习天文星象和《易》学，还是做了史官以后才学习天
文和《易》学，现在已无从考证。此外，司马谈还
"习道论于黄子"。"道论"，是指黄老一派的思想理论，
又称黄老之学，主张"清静无为"，被汉初统治阶级奉
为治国的指导思想。"黄子"即黄生，汉初黄老思想的
著名代表人物之一。

从汉高祖刘邦到汉景帝刘启在位的60余年间，汉朝的统治者推崇黄老思想，奉行与民休息、轻徭薄赋的黄老政治。汉武帝刘彻即位后，开始罢黜百家，独尊儒术，用儒家思想来为加强中央集权的封建专制制度服务。司马谈是黄老思想的信徒，对于汉武帝的独尊儒术和意识形态领域里儒家思想取得独尊地位的趋势，不以为然，因而写了一篇题为《论六家要旨》的著名学术论文。这篇论文，见于《自序》的记载。

→韩城太史祠

← 韩城太史祠

　　在《论六家要旨》中，从春秋战国以来的诸子百家中，概括出阴阳、儒、墨、名、道等六家在思想学术界有重大影响的学派，分别阐述了每一个学派的学术宗旨和基本特征，对除道家以外其他五家学派学术地位、贡献分别给予充分的肯定，同时分别指出五家学派的局限性和主要缺陷。用今天的观点看，《要旨》大体上概括了六家学派的基本特征，对各家学派长处与短处的评论，也相当精当，与实际情况基本上相符合，因而在中国学术史上具有很高的学术价值，是对春秋战国至秦汉时期中国学术思想经典式的概括。

→韩城太史祠献殿供桌

　　例如，《要旨》称"儒者博而寡要，劳而少功，是以其事难尽从；然其序君臣父子之礼，列夫妇长幼之别，不可易也"，对儒家学派做出全面而公正的评价。司马谈对道家，其实是黄老学派予以完全的肯定，这在理论上不能成立，因为过去、现在和将来，根本不可能有什么尽善尽美的学派，因为人们对真理的认识，是一个永远也不会完结的无限发展的过程。事实上，黄老学派同其他学派一样，也应有它的长处和短处。然而，司马谈所说的道家"因阴阳之大顺，采儒墨之善，撮名法之要，与时迁移，应物变化，立俗施事，无所不宜，旨约而易操，事少而功多"，阐述了道家，实际上是黄老学派汲取了阴阳、儒、墨、名、法等各家学派的精华，而且又"与时迁移"，顺应了时代的潮

流，因而能收到"无所不宜""事少而功多"的效果。从汉初黄老思想及黄老政治所导致汉初经济的恢复、"文景之治"以及汉武盛世的出现，说明司马谈对道家学派的评价，基本上是符合实际情况的，黄老思想在为现实服务这一点上，确实起到了积极的作用。

如果说黄老思想与黄老政治对汉初社会历史的发展起到了重大的积极作用，那么，司马谈《论六家要旨》对于司马迁来说，其意义在于它对司马迁世界观和学术思想的初步形成，有着重大的影响。事实上，司马迁在很大程度上接受了《论六家要旨》的学术思想，这对于他后来撰写《史记》，无疑是一个重要的积极因素。

司马谈对儿子的另一重大影响，是他想要撰写一部史书的志愿。从历史背景上看，汉武帝盛世的出现，为汉代思想文化其中包括史学的繁荣提供了物质上的基础，而司马谈本人作为汉太史令，他既具有撰写一部史书所需要的学识，也具备完成这一重大使命的客观上的有利条件，即所谓"百年之间，天下遗文古事靡不毕集太史公"。

汉武帝元封元年（公元前110年），汉武帝东巡，在泰山举行祭祀天地的所谓"封禅"的典礼。司马谈作为汉太史令，当然要侍从汉武帝参加这千载难逢的

　　太史祠院后面是最高的平台，中央便是司马迁衣冠冢，据说为元世祖忽必烈所建，墓呈圆形，高2米余，周围用青砖砌成，砖墙有砖雕八卦图案和花卉图案16幅。墓顶有古柏一株，树分5杈，如盘龙护顶。

盛典。然而，司马谈随同汉武帝东巡，到了洛阳，可能是由于生病，便留了下来。这时，司马迁刚刚奉使西征归来，当他赶到洛阳时，父亲已是病危了。

司马谈临终前，拉着儿子的手，哭泣着对儿子嘱托说：

"我们的先祖，曾担任周王室的太史，后来中断。我死后，你必定会接任太史令一职，可以接续我们祖先的事业了。你一定不要忘记我想要写作史书的这件事，事亲、事君的最终目的，在于立身扬名，光宗耀祖，这是最大的孝道。如今天下的人都称颂周公，是因为他能歌颂和发扬文王、武王的德政与遗风；孔子编纂《诗》《书》，作《春秋》，至今被学者奉为宗师。自孔子以后，400多年以来，诸侯相互兼并，史记断绝。汉兴以来，海内一统，明主贤君，忠臣死义之士等应该论述的人物很多，你身为太史而不予论述记载，废弃天下的史文，这可是我所最为惶恐的事，你一定要念念不忘。"

听父亲临终遗言，司马迁悲痛万分，哭泣着向父亲说道：

"儿子虽然缺乏才能，但定要把父亲所整理的历史旧闻论述无遗，不敢有所缺失。"

听罢儿子的誓言，司马谈慢慢地合上眼睛，与世

→汉太史司马迁墓碑

长辞。

　　司马迁奉使西征归来，便因父亲病重耽搁在洛阳，还没有向汉武帝复命，再加上他所担任的郎中职务上的关系，不敢再为料理父亲的丧事而耽搁时间，便匆忙赶到山东侍从汉武帝举行"封禅"大礼。然后，又侍从汉武帝北上，经现今辽宁、内蒙古，在长城内外一线巡行18000里，才回到都城长安。

在司马谈逝世后的第三年即公元前108年，司马迁已经为父亲服丧3年。汉武帝出于对司马迁这位年轻人学识和才能的了解，又考虑到他出身于太史世家，便令他继任父职，正式做了汉王朝的太史令，父亲遗言中的预料被证实了。

太史令是600石一级的官职，每月实领俸禄70斛，和地方上的县令同级，在汉代的官僚系统中地位虽然是较低的，总算是属于所谓"卿大夫"一流了。从职务上看，太史令确实比郎中高出许多。但实际上，司马迁却因此而由"内廷"到"外廷"，由皇帝的侍从官变成"近乎卜祝"的普通下级官吏，不过是"厕下大夫之列，陪外廷末议"而已。

这个并不被人们看重的官职，对于司马迁来说是很宝贵的。这一职务上的便利，可以使他有条件把父亲的遗志变成现实，在他父亲已经开始了的"论著"的基础上，"悉论先人所次旧闻"，完成了撰写史记的重大使命。

XIANGGUAN LIANJIE

汉武帝"罢黜百家，独尊儒术"

"罢黜百家，独尊儒术"是董仲舒于元光元年（公元前134年）提出，汉武帝开始图形。该思想，已非春秋战国时期儒家思想的原貌。而是掺杂道家、法家、阴阳五行家的一些思想，是一种与时俱进的新思想。它维护了封建统治秩序，神化了专制王权，因而受到中国古代封建统治者推崇，成为两千多年来中国传统文化的正统和主流思想

西汉初年，汉高祖不喜儒学，使儒家的学术源流几乎断绝。博士制度虽承秦制依然存在，但博士人数不多，且仅具官待问而已，在传授文化方面难以起多大作用。惠帝废《挟书律》，使诸子学说复苏，其中儒、道两家影响较大。在学术思想发展的低潮中，道家的黄老无为思想为汉初统治者所提倡，居于支配地位，各种不同流派的思想家也都乐于称说黄老之言。文、景时期，出现了由无为到有为、由进家到儒家的嬗变趋势。旧

秦博士伏生出其壁藏《尚书》28篇，文帝派晁错从其受业。此时，博士之数达到70余人，百家杂陈而儒家独多。儒家的《书》《诗》《春秋》以及《论语》《孝经》《孟子》《尔雅》都有博士，其中《诗》博士有齐、鲁、韩三家，《春秋》博士有胡毋生、董仲舒二家。这为汉武帝独尊儒术提供了条件。武帝即位时，历经文景之治，社会经济已得到很大的发展。与此同时，随着地主阶级及其因家力量的强大，从政治和经济上进一步强化专制主义中央集权制度，已成为封建统治者的迫切需要。在这种情况下，它主张清静无为的黄老思想已不能满足上述政治需要，更与汉武帝的好大喜功相抵触。而儒家的春秋大一统思想、仁义思想及君臣伦理观念，又恰恰与汉王朝当时所面临的形势和任务相适应。于是，在思想领域，儒家思想终于取代

← 汉武帝刘彻墓碑

了道家的统治地位

　　建元元年（公元前140年），董仲舒在举贤良对策中提出建议：凡是不在六艺之科、孔子之术的各家学说，都要从博士官学中排除出去。汉武帝对董仲舒的这种大一统思想非常赏识。武帝又采纳丞相卫绾之议，罢黜了主张申不害、商鞅、韩非、苏秦、张仪之言的贤良。汉武帝此举受到好黄老的祖母窦太后的强烈反对，她于次年借故把鼓吹儒学的御史大夫赵绾和郎中令王臧系狱，儒家势力受到打击。建元六年（公元前135年），窦太后死，儒家势力再度崛起。元光元年（公元前134年），他将不治儒家《五经》的太常博士一律罢黜，排斥黄老别名百家之言于官学之外，提拔布衣出身的儒生公孙弘为丞相，优礼延揽儒生数百人，还批准为博士官置弟子50人，根据成绩高下补郎中文学掌故，吏有通——艺者选拔担任重要职务。这就是历史上有名的"罢黜百家，独尊儒术"。独尊儒术以后，官吏主要出自儒生，儒家逐步发展，成为此后2000年间统治人民的正统思想。虽然这样做不利于学术文化的发展，但在当时却有益于专制制度的加强和国家的统一。

制定新历　始著史记

自周公卒，五百岁而有孔子。孔子卒后，
至于今五百岁。有能绍明世，正《易》传、继
《春秋》、本《诗》、《书》、《礼》、《乐》之际，
意在斯乎，意在斯乎。

——《太史公自序》

司马迁于公元前108年被任命为太史令，便着手
为撰写史记作资料上的整理。当时，国家征集到的藏
书，已经很丰富。所谓"天下遗文古事，靡不毕集太
史公"，表明司马迁所拥有的资料是很丰富的，但随之
而来的对这些资料的整理，又是十分繁重的，是一件
辛苦而艰巨的任务。此外，由于太史令职务上的责任，
司马迁仍需要侍从汉武帝巡行天下，如公元前107年
冬10月随同汉武帝北巡，如公元前106年冬随同汉武
帝南巡，公元前105年冬随同汉武帝北巡。接连不断
的侍从出巡，使司马迁整理资料的工作常常被打断；
但这些侍从巡行，也为他撰写史记搜集到不少第一手
的宝贵资料。公元前103年，司马迁又倡议并主持了

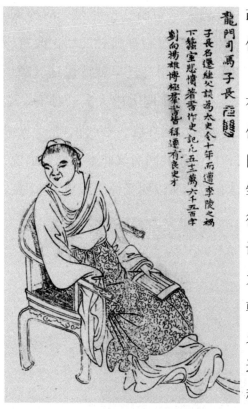

→司马迁坐姿题跋像

改定历法的工作。

　　改定历法，在封建时代是一件大事。早在战国时代，齐国人邹衍提出了"五德终始"的学说。这种学说认为，历史上的改朝是由于木、火、土、金、水这五种物质（又称"五德"）的不断替代、反复循环而决定的。谁要是得到了五德中的一德，谁就是受命天子，就会有相应的"符瑞"和新王朝的出现。这种学说解释历史上的朝代更替，认为黄帝得土德，夏朝得木德，商朝得金德，周朝得火德。秦始皇统一天下，认为周得火德，秦代周，当为水德，宣扬"五德终始"，为维护秦王朝的统治服务。

　　汉王朝建立之初，为恢复社会经济，来不及做这项工作。在历法上，仍沿用秦朝所实行的《颛顼历》。

这种历法有"朔晦月见，弦望满亏多非是"的弊病。待到汉武帝击败匈奴、举行过封禅典礼之后，改定历法已被提到议事日程上来。司马迁早就认识到《颛顼历》的弊病，在公元前104年同太中大夫公孙卿、壶遂等人向汉武帝上书"言历纪坏废，宜改正朔"。汉武帝令御史大夫儿宽和博士们共同商议此事，他们都说："帝王必改正朔，易服色，所以明受命于天也。"于是，

← 司马迁史记石碑

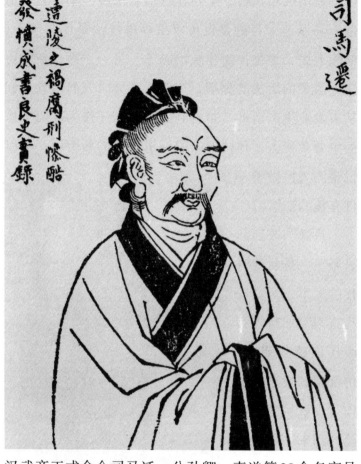

遭陵之禍腐刑慘酷
發憤成書良史實錄

司馬遷

→明刻司马迁像

汉武帝正式命令司马迁、公孙卿、壶遂等20余名官员和专家参加这一工作。年老的方士唐都、巴郡的隐士落下闳也被请来参加这一工作，二人是当时著名的天文学家和历法专家。经过数十名专家的共同努力，一个精密的新历终于被制定出来。新历对古历进行了重大的改革，以正月为岁首，即有名的《太初历》。汉武帝将新历颁布执行，从封建统治者来说，制定新的历法，易服色，目的是宣传汉王朝的统治是受命于天，欺骗人民，为维护封建统治服务。另一方面，新的历法克服了旧历法的弊端，这对于从天时方面指导人们从事农业生产活动，是有利的。司马迁作为改历工作的主要负责人，他同专家们一道制定的新历法，可以说是为人民做了一件有益的工作。

封禅与改历和易服色，是封建时代的大事，司马迁为有幸参加封禅和改历而感到荣幸，仿佛感到效法孔子作《春秋》的时机已经到来。司马迁时刻惦记着父亲临终前说过的话：周公死后500年而有孔子，孔子死后至今已有500年了，应该有人继承孔

倪宽像。倪宽召集公孙卿、壶遂、司马迁等二十余人，共同推算出了汉朝的《太初历》。

→史记书影

子，做一番论著史记的事业。司马迁非常推崇孔子，他以效法孔子为己任，把自己所要从事的写作史记，同当年孔子作《春秋》相比拟，事实上是把这件事视为时代所赋予他的伟大使命，是自己义不容辞的责任。

同司马迁一道参加改历工作的上大夫壶遂曾问道："当年孔子为什么要作《春秋》?"司马迁根据董仲舒的议论回答说：自周道衰废、诸侯相互攻伐以来，孔子自知自己的言论不被执政者所采用，自己的治国之道，不被执政者所实行，于是作《春秋》来辨别242年间的嫌疑，明是非，定犹豫，寓褒贬，别善恶，存亡国，继绝世，补敝起废。听了司马迁的议论，壶遂头脑冷静地向司马迁问道：

"孔子所处的时代，上无有明君，四出游说而不被任用，不得已而作《春秋》，从文辞记事中表明礼

义，垂范于后世，以为新王的王法。现在，你上遇明君，又得到一定的官职，天下万事都各具条理，皆得其宜，可见已经有王法了。你想要继孔子作《春秋》，究竟想要论明何事？"

壶遂向司马迁所提出的这一友善的警告，意思是说过分强调《春秋》对乱世的作用，又大谈什么继孔子作《春秋》而著史记，岂不是把现实说成是乱世？这不仅会招来大祸，也与汉武帝盛世的实际情况不符。司马迁完全理解壶遂的好意，承认过分强调《春秋》对乱世的作用是片面的，便谦虚地对壶遂说：你说的话很对，但有的地方并没有完全理解我的意思。接着，又向壶遂解释自己论述史记的目的，称自己的工作是整齐故事，而不是创作，不能同孔子作《春秋》相比。事实上，司马迁确实是把自己著史记视为如同孔子作《春秋》一样，负有时代赋予的使命。他明白壶遂一番忠告的善良用心，但他不向壶遂公开承认这一点。总之，司马迁同壶遂的一番谈话，在坚定著述史记志愿的同时，对于完成这一使命的目的也更加明确了。

在完成改历的这一年，即太初元年，司马迁著述史记的工作也正式开始了。

相关链接
XIANGGUAN LIANJIE

《史记》

《史记》，中国古代最著名的古典典籍历史著作之一，与后来的《汉书》（班固）、《后汉书》（范晔、司马彪）、《三国志》（陈寿）合称"前四史"。

《史记》记载了上自中国上古传说中的黄帝时代，下至汉武帝（公元前122年），共3000多年的历史。作者司马迁以其"究天人之际，通古今之变，成一家之言"的史识，使《史记》成为中国历史上第一部纪传体通史。

《史记》全书包括十二本纪（记历代帝王政绩）、三十世家（记诸侯国和汉代诸侯、勋贵兴亡）、七十列传（记重要人物的言行事迹，主要叙人臣，其中最后一篇为自序）、十表（大事年表）、八书（记各种典章制度记礼、乐、音律、历法、天文、封禅、水利、财用），共一百三十篇，五十二万六千五百余字。

《史记》是我国第一部规模宏大、贯通古今、内容广博的百科全书式的通史。在《史记》中，司马迁第一个为经济史作传：《平准书》《货殖列传》；司马迁又第一个为少数民族立传：《匈奴列传》《西南夷列传》等；他还第一个为卑微者列传：《刺客列传》《游侠列传》等。

《史记》第一次把政治、经济、文化各个方面都包容在历史学的研究范围之内，从而开拓了历史学研究的新领域，推动了我国历史学的发展。由于纪传体可以容纳广泛的内容，有一定的灵活性，又能反映出封建的等级关系，因而这种撰史

司马迁撰史记130卷

方法，为历代史家所采用，影响十分深远。

《史记》最初没有固定书名，或称"太史公书"，或称"太史公记"，也省称"太史公"。"史记"本来是古代史书的通称，从三国时期开始，"史记"由史书的通称逐渐成为"太史公书"的专称。

《史记》对后世史学和文学的发展都产生了深远影响。其首创的纪传体编史方法为后来历代"正史"所传承。同时，《史记》还被认为是一部优秀的文学著作，在中国文学史上有重要地位，被鲁迅誉为"史家之绝唱，无韵之离骚"，有很高的文学价值。刘向等人认为此书"善序事理，辩而不华，质而不俚"。与司马光的《资治通鉴》并称"史学双璧"。

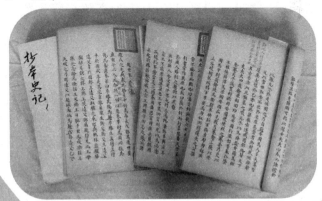

《史记》

触怒武帝　李陵之祸

> 夫龙之为虫也，柔可狎而骑也。然其喉下
> 有逆鳞径尺，若人有婴之者，则必杀人。人主
> 亦有逆鳞，说者能无婴人主之逆鳞，则几矣。
> ——《韩非子·说难》

　　司马迁于太初元年正式开始撰写史记，这一年他32岁，正是精力充沛的年华。太史令职务上的关系，他不可能做到"闭户著书"。汉武帝此时已习惯于出巡全国各地，巡狩、祭祀。武帝每次出巡，司马迁必须照例侍从。这时，司马迁又由于为李陵投降匈奴一事辩护，惨遭腐刑。遭李陵之祸，这对于司马迁个人来说，是最大的耻辱与不幸，又与他撰写史记有着重大的关系，这里不得不用必要的篇幅把事件的前前后后交代清楚。

　　李陵是名将李广的孙子。李广一生与匈奴作战70余次，威震匈奴。李陵少年时任建章宫监，骑马与射箭的技艺极为精湛，为人又谦虚下士，甚得人们的喜爱，汉武帝也很赏识，认为他有李广的遗风。

→司马迁

　　这时，汉王朝与匈奴的关系是：自公元前119年卫青、霍去病大败匈奴以来，双方罢兵言和，边境上确有十余年的安定局面。后来，匈奴又有时而侵犯边境的事件发生。公元前100年，匈奴且鞮侯单于初立，担心汉朝出兵袭击，表示同汉朝和好，将扣留的汉朝使者路充国放回。汉武帝派苏武以中郎将的身份出使匈奴，被匈奴扣留，并逼迫他投降。苏武不负使命，坚持不屈，被徙于北海（今俄罗斯贝加尔湖）牧羊。

汉武帝闻知上述消息，大为震怒，于公元前99年命令宠姬李夫人的哥哥、贰师将军李广利统率3万骑兵，从酒泉出击匈奴右贤王于天山。同时，命令李陵从张掖赶回来，负责为李广利的大军运送后勤物资。李陵从张掖回到长安接受命令，向汉武帝叩头说道：

"臣下所统领的边防士兵，都是些具有特殊技能的勇士剑客，力能扼虎，每射必中。愿自编一队人马，到兰干山前，用来分散匈奴的兵力，减轻匈奴从正面对贰师将军的攻击。"

"那么，拨给你什么军队呢？现在出兵已经很多，没有骑兵拨给你。"汉武帝说。

"用不着骑兵，臣愿以少击众，用5000名步兵直捣单于的窝巢！"李陵慷慨地表示。

汉武帝见李陵有此壮志，大加称赞，答应了李陵的请求，同时命驻守居延的强弩都尉路博德率军到张掖的半路上接应李陵的军队。路博德是一位为汉王朝立有战功的老将，认为跟随在年轻人李陵5000士兵之后是件羞耻的事，便向汉武帝上奏说：

"现在正值秋季，匈奴马肥兵壮，不可与敌交战。臣愿李陵驻兵，待明年春天，我们各自率军出击，定能活捉单于。"

汉武帝看过路博德奏书，大为生气，误以为李陵是先说大话，临敌胆怯，不敢出塞击敌，教路博德从一旁上书。于是，汉武帝立刻给路博德诏书，说道：

"我本意要拨给李陵骑兵，他说用不着，要以少击众。如今敌兵已入侵西河，令你立即带兵去西河，截断敌人进袭西河的道路。"

与此同时，汉武帝又给李陵发出一道诏书：

"一定要在9月里出兵居延，到达东浚稽山南的龙勒水上，侦察敌军的动静。如见不到敌人，就到受降城休整队伍，并立即派快骑来京报告。你跟路博德都讲了些什么话，也要如实交代！"

李陵接到皇帝诏书，怎敢怠慢，便立即率部下5000壮士从居延出兵，北行30余日，到达指定的浚稽山扎营，并立即派部下陈步乐回长安报告。陈步乐向汉武帝汇报说，李陵很得军心，部下壮士无不愿尽死力报效国家。汉武帝听后很是高兴，将陈步乐留下担任郎中的职务。

陈步乐离开部队，李陵便与匈奴的主力部队遭遇，被3万骑兵包围。敌军以众击寡，李陵率壮士迎战，

千弩俱发，敌军败退，李陵追击，杀敌数千人。匈奴单于又调动8万骑兵包围李陵，李陵率众突围后且战且走，南行数日后，到达一个山谷。此时，李陵部下的壮士已有不少人中箭受伤，整编后次日再战，又杀敌三四千人。李陵向东南顺龙城故道败退，行军四五日，在一个芦花荡，敌军从上风放火，李陵也放火自救。李陵继续南行，在一个小山下与匈奴在树木间苦战，又杀敌数千人。汉军发"连弩"向单于射击，单于惊骇，逃下山来，又担心遭遇伏兵，打算退兵。

这时，李陵军中有个军侯投降匈奴，说李陵军中的箭支快要用完，又无援军，只有李陵与韩延年各率800人为前锋部队。单于得知虚实，再次用骑兵包围汉军，呼喊李陵、韩延年赶快投降，同时截断李陵军队的归路。李陵同部下被围在一个山谷里，敌军四面射

←居延汉简

→ 行书司马迁文录

击，李陵突围南行，一日之内，50万支箭全部射光。
此时，李陵部下尚有3000余人。由于粮尽箭绝，李陵
令壮士四下突围逃散，自己同韩延年上马突围，跟随
者仅有10余人。敌人数千名骑兵穷追不舍，韩延年战
死，李陵说："无面目报陛下！"于是下马投降。逃散

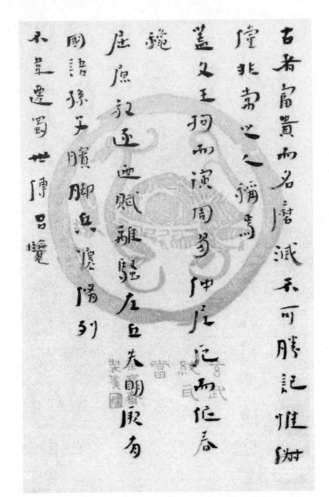

← 行书司马迁文录

的壮士，到达汉朝边塞的只有400多人。

　　汉武帝得知李陵兵败投降的消息，大怒，责问陈步乐，陈步乐无言答对，自杀而死。当朝廷上的公卿王侯，得知李陵击败匈奴的捷报时，都捧杯向汉武帝祝贺；得知李陵兵败投降后，又都改口说李陵有罪。

汉武帝为此事而坐卧不安，食不甘味。

司马迁早年认识李陵，后来又是同事，但彼此间并没有交往。司马迁平时见李陵孝顺母亲，待人诚恳，仗义疏财，谦虚谨慎，甘居人下，认为李陵是一名"奇士"，有"国士之风"。李陵为报效国家，率5000人深入敌人的"王庭"，"垂饵虎口，横挑强胡"，杀死数倍于己的敌兵，已尽到了一个"人臣"所能做到的一切，抑或是古代的名将，也没有人能超过他的。至于李陵兵败投降，司马迁认为可能是以后再寻找机会以适当的方式报答汉廷，对李陵投降匈奴的严重性认识不足。

司马迁见汉武帝因李陵兵败降敌那种凄惨难堪的样子，很想向武帝进言，但考虑到自己的身份，没有上言。不久，汉武帝召见司马迁，问他对李陵事件有何看法。司马迁称赞李陵的战功，希望汉武帝不必深责李陵。汉武帝没等司马迁把话讲完，便大怒起来，认为这是故意抬高李陵，打击李贰师，为李陵游说，将司马迁下狱审讯。

司马迁入狱后，他的朋友们无人为他奔走营救，武帝左右的人也没有谁肯替他讲话，而诬罔主上的罪名又是个死罪。当时，官吏犯有死罪，一是可以用钱赎罪，二是可以用接受腐刑来替代死罪。司马迁官小

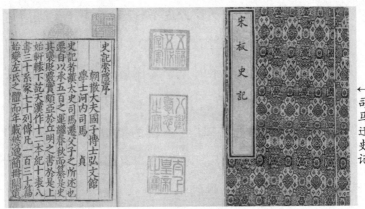

←司马迁史记

家贫，哪里去筹划50万左右的钱来赎罪，为完成史记的著述，他只好接受腐刑。

卫青 霍去病

卫青是汉武帝时期抗击匈奴的主要将领，霍去病的舅舅，二者并称"帝国双璧"。卫青开启了汉对匈战争的新篇章，七战七捷，无一败绩，为历代兵家所敬仰。

元光二年汉武帝决定改变西汉初期和匈奴和亲的政策，靠"文景之治"积累的财富和兵力，对匈奴发动了大规模的反击。卫青从公元前129年被封车骑将军开始，共有七次领兵打击匈奴，立下了赫赫战功

按《史记》记载其所得封邑总共有一万六千七百户，《汉书》则有为二万二百户及三万户的不同记载。虽然卫青战功显赫，权倾朝野，但从不结党。他和霍去病不同，对士卒体恤较多，能与将士同甘苦，威信很高。最后卫青病死于公元前106年，汉武帝为纪念他的彪炳战功，嘉其陪葬茂陵。

卫青薨后谥号为"烈"。《谥法》云：有功安

霍去病墓

民曰烈。以武立功。秉德尊业曰烈。

　　元朔六年（公元前123年），17岁的霍去病被汉武帝任为骠姚校尉，随卫青击匈奴于漠南（今蒙古高原大沙漠以南），以800人歼2028人，俘获匈奴的相国和当户，并杀死匈奴单于的祖父和季父，勇冠全军，受封冠军侯。

元狩二年（公元前121年）春，汉武帝任命19岁的霍去病为骠骑将军。于春、夏两次率兵出击占据河西地区的匈奴部，歼4万余人。俘虏匈奴王5人及王母、单于阏氏、王子、相国、将军等120多人，降服匈奴浑邪王及部众4万人，全部占领河西走廊。匈奴为此悲歌："失我祁连山，使我六畜不蕃息；失我焉支山，使我嫁妇无颜色。"同年秋，奉命迎接率众降汉的匈奴浑邪王，在部分降众变乱的紧急关头，率部驰入匈奴军中，斩杀变乱者，稳定了局势，浑邪王得以率4万余众归汉。从此，汉朝控制了河西地区，打通了西域道路。

元狩四年（公元前119年）春，汉武帝命卫青、霍去病各率骑兵5万分别出定襄和代郡，深入漠北，寻歼匈奴主力。霍去病率军北进两千多里，越过离侯山，渡过弓闾河，与匈奴左贤王部接战，歼敌70400人，俘虏匈奴屯头王、韩王等3人及将军、相国、当户、都尉等83人，乘胜追杀至狼居胥山，在狼居胥山举行了祭天封礼，在姑衍山举行了祭地禅礼，兵锋一直逼至瀚海。经此一战，

"匈奴远遁，而漠南无王庭"。

　　他用兵灵活，注重方略，不拘古法，勇猛果断，每战皆胜，深得武帝信任。留下了"匈奴未灭，何以家为"的千古名句。元狩六年病卒，年仅24岁。

←卫青墓

忍辱负重　报任安书

> 人固有一死，或重于泰山，或轻于鸿
> 毛，用之所趋异也。
> ——《报任安书》

　　司马迁因直言而招来的这场李陵之祸，是他无法忍受的奇耻大辱，比死要可怕得多。然而，司马迁并没有做出"伏法受诛"的选择。他考虑的是"死"的价值，是否死得其所。司马迁没有忘记父亲的临终遗言，也深知自己所肩负的时代使命，于是他毅然选择了接受"腐刑"，甘愿在灵魂上受尽难言的煎熬，忍痛完成史记的写作。李陵之祸为司马迁所带来的痛苦和摧残，对他个人来说，是极大的不幸；对于他所从事的著述工作，也不能说成是一件幸事。然而，李陵之祸使司马迁因此而认识到了上层社会人际关系上的世态炎凉，对封建统治者的残暴性有了深刻的感受。这样，在撰写史记的理想和目的之中，又增添了新的因素：他愈发决心以前所未有的毅力、忍受着无法忍受的奇耻大辱，呕尽自己的全部心血，在完成先父所嘱

←司马迁塑像

托的著述之中，同时鞭挞他所憎恶的社会上的黑暗面，表彰正义的行为和崇高的精神，用来寄托自己的理想和思想感情。《史记》一书所取得的伟大成就，及该书中所体现出来的许多进步的思想，与司马迁的这一不幸的遭遇有着重要的关系。在某种意义上可以说，李陵之祸的不幸遭遇，竟成了《史记》一书取得伟大成就的重要条件之一。在后人赞叹、欣赏《史记》一书的同时，不能不感叹司马迁为此所付出的如此之大的代价！然而，读司马迁《报任安书》中"西伯拘而演《周易》"以下的一段血泪铸成的文字可知，中国传统文化宝库的许多精品巨著，有哪一部不是"发愤之所为作"呢？

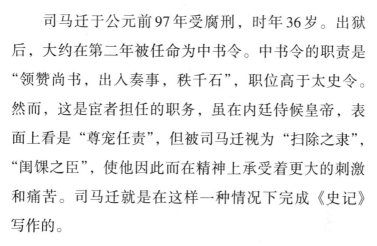

　　司马迁于公元前97年受腐刑，时年36岁。出狱后，大约在第二年被任命为中书令。中书令的职责是"领赞尚书，出入奏事，秩千石"，职位高于太史令。然而，这是宦者担任的职务，虽在内廷侍候皇帝，表面上看是"尊宠任责"，但被司马迁视为"扫除之隶"，"闺阁之臣"，使他因此而在精神上承受着更大的刺激和痛苦。司马迁就是在这样一种情况下完成《史记》写作的。

　　司马迁忍辱负重撰写《史记》的具体情景，见于《报任安书》。在《报任安书》中，司马迁披露了他当时的处境与心灵上所经受的磨难。这篇文字见于《汉书·司马迁传》及《文选》卷四十一的记载，两种文本在文字上略有出入。为使读者获得这一方面的有关资料，下面将《报任安书》全文除有关李陵击匈奴的一段文字因上面已有介绍外，全部翻译如下。其中"文王拘而演《周易》"一段文字已见于中学生课本的选讲，这里只照录原文，不予翻译，以保持原文的韵味。

　　任安是司马迁的朋友，字少卿，荥阳人，年轻时家贫，后来做大将军卫青的舍人，由于卫青的荐举，由郎中官至益州刺史，因公元前91年戾太发兵杀江充事件被判腰斩。任安生前曾写信给司马迁，希望他

"尽推贤进士之义"，司马迁没有立即答复他。待到任安将于次月受刑，而司马迁又要随从汉武帝出巡，这时才动笔给任安写了这封回信，即《报任安书》这篇催人泪下的千古名篇。

《报任安书》的译文如下：

太史公（指司马谈）的仆人司马迁再拜言，少卿足下：

从前承蒙来信赐教，教以慎于接务，把向朝廷推荐贤能人士当作自己的工作。来信的情

←司马迁画像

意十分诚恳，好像在抱怨我不遵从你说过的话，而采用了世俗庸人的意见。仆人并非敢如此。仆人虽才能低下，也经常闻知品德高尚的长者的说教与遗风。当时是考虑自己是身亏（已受腐刑）形秽，地位下贱，动则得过，欲益反损，所以独自郁郁不乐，可以与谁人言语！谚语说："谁为为之，孰令听之？"因此，钟子期死，伯牙因失去知音而不再弹琴。这是什么道理呢？这是士为知己者死，女为悦己者容。仆人以身受宫刑，虽然有随和识玉那样的才能，许由、伯夷那样的操行，终不可引以为荣，适足以见笑于世人，自取污辱而已。

接到足下来信时本应当即答复，碰巧赶上侍从皇上，因职事关系，很少有相见的机会，并在回信中竭尽自己的心意。如今少卿获不测的大罪，一个月过后便是十二月（汉代法律规定，十二月份处决死刑犯人），我又即将随从皇上到雍地去，担心你会突然离去，使仆人终生不得抒发胸中的烦闷以使左右的人（指任安）知晓，如此又将使逝去的人（亦指任安）魂魄私恨无穷，请允许我大略陈述鄙陋的意见。回信耽搁了好久，望不要怪罪于我。

　　仆人听说：修身是智慧的符信与凭证，爱怜与同情是仁德的发端，取和与是义行的表现与标志，知耻知辱是判别勇敢与否的决断，树立好的名声，是品行的最高准则。士人有此五德，然后可以生存于世，列于君子之林。所以，祸患没有比贪图私利更为惨痛的，悲哀没有比伤心更为痛苦的，行为没有比污辱祖先更为丑恶的，耻辱没有比宫刑更为严重的。受过刑罚而获得余生的人（这里是指宦者），不能同平常人并列，这不但在今天是如此，而且是由来已久的了。当年孔子出游到卫国，一天，卫灵公同夫人同车出游，让宦者雍渠参乘，孔子为次乘，招摇过市，孔子为此而感到耻辱，于是离开卫国去陈国。商鞅通过宦官景监得以晋见秦孝公，赵良为此而寒心。汉文帝以郎中官宦者赵谈为参乘去见母亲，袁盎伏在车前谏阻，"奈何与刀锯之余（指宦官）共载？"可见，自古耻于与刑余之人为伍。以中材之人，凡事有关乎宦官，无不感到挫伤了志气，况且对于慷慨之士乎？如今朝廷虽然缺乏人才，奈何令"刀锯之余"（司马迁指自己）来荐举天下的豪杰俊秀！

　　仆人承继先人的事业，侍奉皇上已有二十余年。所以自我反思：对上不能进纳忠言，献出诚实的心意与贡献，获得进奇策才能的称誉，取得明主的信任。其次，又不能拾取皇上遗忘的事情，弥补皇上欠缺的工作，为朝廷招贤进能，招来居于山中的隐士。对外又不能供职于军队，攻城野战，立有斩将拔旗的功劳。在下不能积日累劳，取得高官厚禄，以为宗族朋友的光荣尊宠。上述四个方面，没有一项取得成功，勉强地附和皇上的心意，取得皇上的喜悦，无有什么成就，于此可见。当初，仆人常常掺杂于下大夫的行列，参加外朝中微不足

→任安书工艺石碑

道的议论，不能在此时为国家的法制尽自己的思虑，如今以亏损的身躯任扫除之吏（指任中书令一职），一个地位低贱的人，还想要昂首扬眉，陈述是非，这岂不是成了轻视朝廷、羞辱当朝的士大夫吗？呜呼！呜呼！既然如此，仆人还有什么可进言的！有什么可进言的！

况且事情的本末不是很容易就可以明了的。仆人少年时缺少高远不可羁系的才智，长大后在乡里之间又没有可以称道的名誉。主上因先人的缘故，得入宫禁侍卫皇上。仆人以为戴盆怎可以望天，所以断绝朋友间的日常往来，忘却家室的事业，日夜思念着竭尽自己浅薄的才能与力气，专心做好本职的工作，以求得主上的亲近与喜爱。然而，事情有大大出乎自己所预料的，那便是仆人与李陵同居于一个官署共事，平素也没有什么交往，……李陵身虽陷败，我观察他的意向，是想在日后寻找适当的机会报答汉廷。事情已经无可奈何，他击破匈奴军队的事，已使功劳表露于天下了。仆人想要陈述，未有门路，适逢皇上召问，当即阐述李陵的功劳，以使主上宽心，来堵塞那些说坏话的人的言论。此意未能全部表明，明主不得知晓，

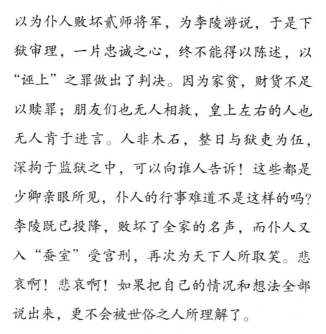

以为仆人败坏贰师将军，为李陵游说，于是下狱审理，一片忠诚之心，终不能得以陈述，以"诬上"之罪做出了判决。因为家贫，财货不足以赎罪；朋友们也无人相救，皇上左右的人也无人肯于进言。人非木石，整日与狱吏为伍，深拘于监狱之中，可以向谁人告诉！这些都是少卿亲眼所见，仆人的行事难道不是这样的吗？李陵既已投降，败坏了全家的名声，而仆人又入"蚕室"受宫刑，再次为天下人所取笑。悲哀啊！悲哀啊！如果把自己的情况和想法全部说出来，更不会被世俗之人所理解了。

仆人的先人并非有皇上赐给功臣的特殊待遇，而太史令所掌管的职事，与掌管占卜的官员相近，地位低下，犹如主上所蓄养倡优一般，为世俗所轻视。假使仆人伏法受诛，犹如九牛而亡一毛，与蝼蛄蚂蚁的生死有何区别？而世人又不能将仆人列入死节者的行列，一定会认为是智穷罪极，不能自免于祸，终于就死于刑而已。为什么这样呢？这同自己平素的工作和职业低下有关。人固有一死，或重于泰山，或轻于鸿毛，是因死的地方不同的缘故。最上等的是不辱于祖先，其次是不辱于自身，其次是不辱于脸面，其次是不辱于辞令，其次是屈体受辱，其次是穿上囚服受辱，其次是带上刑具受辱，其次是遭受杖刑受辱，其次是剃光头发受辱，其次是带着铁链受辱，其次是毁坏肌肤受辱，其次是砍断肢体受辱，最下等接受腐刑受辱，可谓是受辱到了极点。《礼记》上说："刑不上大夫"。这是说士大夫的节气不可勉励。猛虎处在深山，百兽无不震恐；待到关入槛笼和落入陷阱之中，摇尾而求食，经过长时间的威力制约使猛虎逐渐驯服下来。所以，象征性的画地为牢，士人不入；削个木制的狱吏，也不可同它答对，宁可在受辱以前就自杀。如今手足被枷带锁，受刑时被剥去衣服，遭受捶打，被拘禁于监狱之中。当这个时候，见到狱吏则头撞地，看到狱卒则心惊胆战。这是什么缘故？是长时间威力制约的必然趋势。待到这种地步，还说什么不受辱，不过是厚着脸皮勉强做出笑容而已，何足为贵？况且西伯姬昌，是一国之伯，被拘于羑里监狱；李斯身为丞相、被具五刑腰斩；淮阴侯韩信，曾受封为诸侯王，在陈地（今河南淮阳）被带上刑具；彭越、张敖曾南面称王，也被投入狱

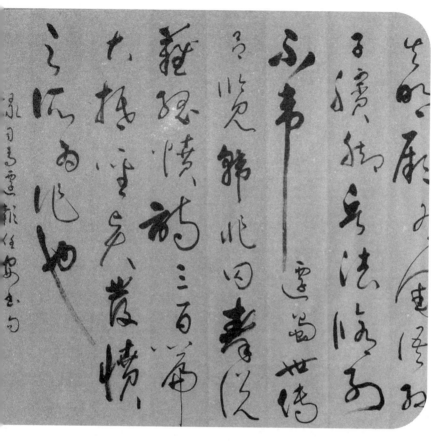

中抵罪，绛侯周勃有诛诸吕之功，权力超过春秋时的五霸，也曾被拘于囚室下狱；魏其侯窦婴身为大将，因罪而被穿上囚衣，带上刑具；季布身为大将，为逃难不得不卖身为奴；太仆灌夫，也曾被囚禁受辱。这些人都身为王侯将相，名声远闻于邻国，待到刑法与罪名罔加于身，不能下决心自杀而死，处于屈辱的境地，

古今一体，怎会有不遭
受屈辱的？由此说来，
勇与怯，强与弱，都是
由形势所决定的。明白
了这个道理，怎会有什
么可以感到奇怪的呢？
一个人不能在法律制裁
之前自杀而死，因此而
逐渐地接受屈辱，待到
遭到鞭打之时，才想要
死于名节，那就远离于
死节了！古人所以慎重
地施刑于大夫，大概就
是由于这种考虑吧。人
之常情，没有不贪生恶
死，思念父母，顾及妻子。至于为义理而激
动，则不思念父母，顾及妻子，那是因为人情
与义理二者不能兼顾，不得已而为之。如今仆
人不幸，早年失去父母，又没有兄弟，独身孤
立，少卿您也看到，我并不是那种顾念妻子儿
女的人吧？况且，勇者不必去死节，怯夫慕
义，随时随地都可以勉励自己不要受辱。仆人

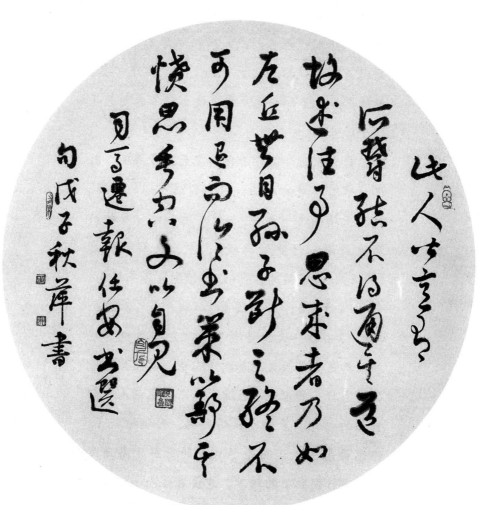

当代书法家胡秋萍行草司马迁《报任安书》选

虽胆怯懦弱，想要苟且地活着，还是很知道去与就的分别，舍生取义，何至于受狱中的屈辱！况且低贱的婢妾，都能够做到自杀而死，更何况仆人就做不到吗？所以忍辱苟活于世，是因为私心（指著述史记的大志）有所不尽，卑贱无知地了却一生，则会使文章不能发表并传于后世。

自古以来，富贵者死而名灭，多得不可胜记。唯有卓越的人物，永远受到人们的称颂。盖文王拘而演《周易》；仲尼厄而作《春秋》；屈原放逐，乃赋《离骚》；左丘失明，厥有《国语》；孙子膑脚，《兵法》修列；不韦迁蜀，世传《吕览》；韩非囚秦，《说难》《孤愤》；《诗》300篇，大抵圣贤发愤之所为作也。这些人都是意志长久地郁结于心中，其主张不能得以通行，所以追求往事，以求未来的人了解自己的心意。至于左丘明失明，孙膑被断足，终不被采用，退而论述自己的见解于书册之中，来抒发胸中的积愤，想要流传尚未实行的文章来表现自己。仆人虽然不才，近乎自托于无能的言辞，网罗天下散失的旧闻，尽量地考证于实际，综合事情的终始，考察成败兴坏的

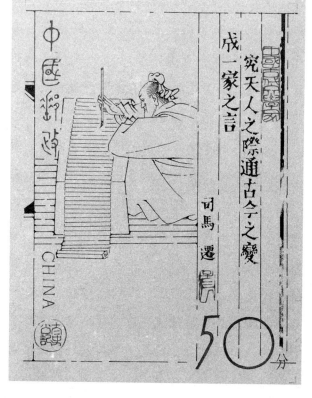

→司马迁纪念邮票

规律，上起于黄帝，下至于当今之世，作为十
《表》、《本纪》十二、《书》八、《世家》三十、
《列传》七十，共一百三十篇，想借此探求人
与自然的关系，通晓古今变化的规律，以成就
一家的独到见解。在写作此书而尚未完成之
际，遭此祸难。担心写书不能完成，所以接受
腐刑时无有愤怒的表情。仆人确实是以著成此
书，将书藏于名山，传于与自己志同道合的

人，使天下大都之人都能得以看到。如此，则仆人可以补偿受腐刑之辱而欠下的情债；如此，虽被杀戮一万次，难道还会有什么悔恨么！然而，上面这些话只有当智者说才会被理解，难道可以向世俗之人说这些话么？

况且在负罪受辱的情况下，不易居处；处于卑贱的地位，会招来很多诽谤。仆人因口语（指为李陵辩护）而遭受此祸，再次受乡里邻居的耻笑，因此而污辱先人，又有什么脸面再到父母的墓地上去祭祀？抑或是时过百世，耻辱也会是更加有甚而已！因此，心肠如绞，一日而九回，居家时精神恍惚，总好像是有所亡失似的；出门时，往往竟不知要前往何处。每当想到这一耻辱，未尝不汗流浃背而沾衣！既然身为宦官，怎能比得上居于山中的隐士？所以姑且同世俗浮沉，随波逐流，用狂惑来抒发胸中的积愤。如今少卿用"推贤进士"教我，未免与我的私心大为乖谬了！今日用推贤进士的行为和动听的言辞来掩饰自己的耻辱，会有什么益处，世俗也不会相信，不过是自取耻辱而已。总之，死后，是非才能定论。书信不能尽意，略述陋见。谨再拜。

　　《报任安书》是司马迁心灵磨难的自白书，可以说，不读《报任安书》，就无法了解司马迁，更无法了解司马迁是在怎样的情况下成就了《史记》这部光辉的不朽名著。

→太史祠内的石刻

相关链接
XIANGGUAN LIANJIE

《报任安书》鉴赏

　　《报任安书》是一篇激切感人的至情散文，是对封建专制的血泪控诉。司马迁用千回百转之笔，表达了自己的光明磊落之志、愤激不平之气和曲肠九回之情。辞气沉雄，情怀慷慨。

　　全文融议论、抒情、叙事于一体，文情并茂。叙事简括，都为议论铺垫，议论之中感情自现。"若九牛亡一毛，与蝼蚁何以异！"，抒发了对社会不公的愤慨；"仆虽怯懦欲苟活，亦颇识去就之分矣，何至自沉溺缧绁之辱哉！"，悲切郁闷，溢于言表；"肠一日而九回，居则忽忽若有所亡，出则不知其所往。每念斯耻，汗未尝不发背沾衣也！"，如泣如诉，悲痛欲绝……富于抒情性的语言，将作者内心久积的痛苦与怨愤表现得淋漓尽致，如火山爆发，如江涛滚滚。

　　大量的铺排，增强了感情抒发的磅礴气势。如叙述腐刑的极辱，从"太上不辱先"以下，十个排比句，竟连用了八个"其次"，层层深入，一气贯下，最后逼出"最下腐刑极矣"。这类语句，有如一道道闸门，将司马迁心中深沉的悲愤越蓄越高，越蓄越急，最后喷涌而出，一泻千里，如排山倒海，撼天动地。

典故的运用，使感情更加慷慨激昂，深沉壮烈。第二段用西伯、李斯、韩信等王侯将相受辱而不自杀的典故，直接引出"古今一体"的结论，愤激地控诉了包括汉王朝在内的封建专制下的酷吏政治；第五段用周

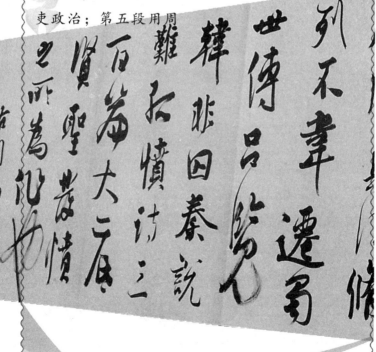

文王、孔子、屈原等古圣先贤愤而著书的典故，表现了自己隐忍的苦衷、坚强的意志和奋斗的决心。这些典故，援古证今，明理达情，让我们更深刻地感受到了作者伟岸的人格和沉郁的感情。

修辞手法的多样，丰富了感情表达的内涵。

如"盖文王拘而演《周易》"以下八个叠句，实际隐含着八组对比，同时又两两对偶，与排比相结合，既表明了对历史上杰出人物历经磨难而奋发有为的现象的认识，又表明了以他们为榜样，矢志进取、成就伟业的坚强意志，气势雄浑，令人欲悲欲叹。又如"猛虎在山，百兽震恐……"一句，运用比喻，沉痛控诉了人间暴政对人性的扼杀和扭曲，形象地说明了"士节"不可以稍加受辱的道理，真是痛彻心脾。其他像引用、夸张、讳饰等修辞手法的运用，都真切的表达出作者跌宕起伏的情感，有时奔放激荡，不可遏止；有时隐晦曲折，欲言又止，让我们似乎触摸到了作者内心极其复杂的矛盾与痛苦。

总之，在《报任安书》中，司马迁通过富有特色的语言，真切地表达了激扬喷薄的愤激感情，表现出峻洁的人品和伟大的精神，可谓字字血泪，声声衷肠，气贯长虹，催人泪下。前人的评价，"感慨啸歌有燕赵烈士之风，忧愁幽思则又直与《离骚》对垒"，实在精辟。

史家绝唱　无韵离骚

> 《史记》虽背《春秋》之义，故不失为
> 史家之绝唱，无韵之《离骚》矣。
>
> ——鲁迅

鲁迅先生在《汉文学史纲》一书中，称《史记》这部名著为"史家之绝唱，无韵之《离骚》"，从史学与文学两个方面高度地肯定《史记》一书的伟大成就和司马迁在中国史学史和文学史上的崇高地位。

司马迁所写的这部史书，是由他的外孙杨恽传布开来的，直到魏、晋时期，人们才称这部书为《史记》；在此以前，"史记"是指古史或古史典籍而言。从《报任安书》中谈到《史记》130篇的情况来看，公元前93年，司马迁已基本上完成了《史记》一书的写作。从公元前108年司马迁任太史令为写史做准备工作开始，到公元前93年完成写作，首尾费时16年。

司马迁撰写《史记》的指导思想，本书前文已有所述。从学术思想渊源上看，先父司马谈的《论六家要旨》，对他无疑有重大的影响。司马迁推崇孔子，效

→司马迁塑像

法孔子作《春秋》而论著史记，但《要旨》对各家学派全面而中肯的评价，使得司马迁在撰写《史记》时，并没有以儒家学派一家观点来定是非，这对于《史记》的撰写与获得成功，从学术思想上提供了保证。

司马迁撰写《史记》的宗旨，在他《报任安书》中有高度的概括，即"欲以究天人之际，通古今之变，成一家之言"。司马迁所说的"天"，实际上是指自然界，尽管他的天命观中含有唯心论的成分；他所说的

"人"，实际上是指人类社会。所谓"究天人之际"，实际上是探求天道与人事即人与自然二者之间的关系，这是司马迁撰写《史记》的"空间坐标轴"。司马迁所说的"通古今之变"，实际上是对人类社会的古今变化求得规律性的认识，这是司马迁撰写《史记》的"时间坐标轴"。司马迁所说的"成一家之言"，实际上是他在研究古今历史时所形成的崭新体系和独到的见解，是他所处于的那个时代所能取得的最高成果，即是在空间坐标轴和时间坐标轴上所求得的"坐标原点"，这个"原点"便是至今仍被人们称赞备至的《史记》一书。

由于时代的局限，司马迁的历史观只能是属于唯心史观的范畴。然而，司马迁"究天人之际，通古今之变，成一家之言"的写作宗旨和指导原则，却代表了他所处于的那个时代在认识上所能取得的最高成就。司马迁撰写《史记》的宗旨和原则，是他撰写《史记》获得成功的理论上的保证。

《史记》一书在史学上所取得的伟大成就，从编纂学的角度来看：

第一，《史记》开创了规模宏大、组织完备的纪传体史书的体例。这种体例，后来成为历代"正史"的专用体例。在封建时代的各种史书体例中，这种纪传

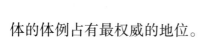

体的体例占有最权威的地位。

司马迁汲取以往史书如《世本》的体例所创立的纪传体，以按年代（古代按朝代，近代则按皇帝）记载大事的"本纪"作为全书的总纲，共有 12 本纪。"表"是把重要的时事和人物，按年代、地区用简明的表格表示出来。表和本纪相互照应，年代远的用世表，年代近的用年表、月表。全书共有 10 表。"书"是用来记述政治、经济、天文、地理等方面的制度和情况，各自成篇。全书共有 8 表。"世家"记载周代各主要诸侯国及汉初诸侯王事迹，地位相当于诸侯的人也被列入世家。全书共有 30 世家。"列传"主要记述官僚、士大夫、名人和一般平民的活动。全书共有 70 列传。由于"本纪"、"列传"构成了全书的主体，故称纪传体。本纪、世家、列传和表、书，分别记载历史人物、历史事件和典章制度，有助于从政治、经济、军事和思想文化等诸多方面反映社会历史面貌，因而是一种较好的史书体例之一。

第二，司马迁坚持以"信以传信，疑以传疑"的原则编纂史料，成为以实录著史的榜样，正如班固在《汉书·司马迁传》的"赞"中所称赞的那样："其文直，其事核，不虚美，不隐恶，故谓之实录"。从此，《史记》一书不仅为人们公认为信史，而且以实录著史

也成了后世史家所信守的著史原则，成为中国史学上著史的优秀传统之一。

第三，继承了《左传》"君子曰"的形式，为后世著史创立了序、论、赞的方式，以"太史公曰"的方式领起议论，揭示著作宗旨，"寓论断于叙事之中"。

第四，继承了孔子作《春秋》的详近略远原则。《史记》记事上起黄帝，至汉初长达3000年，但记载近现代最为详尽。全书130篇中，专记汉代历史的多达62篇，兼记秦汉的11篇。这一详尽略远的原则亦被后世史家所继承，成为中国史学的优良传统之一。

《史记》一书所体现出来的司马迁的史学思想，从积极的方面来看，有如下几点：

第一，在天道与人事关系上，司马迁的"究天人之际"，继承了先秦时代的"天人相分"的唯物主义传统，对董仲舒所提出的、被汉武帝所倡导的"天人感应"学说提出挑战。当时，董仲舒讲"公羊学"，把讲自然现象的阴阳五行学说附会人事，宣扬人事是上天有意安排的，如果人事上违背了"天道"，上天就要加以"谴告"，进行惩罚。在汉武帝的提倡下，董仲舒的这种天人感应的神学思想，在当时的意识形态领域里风靡一时，成了占统治地位的思想。司马迁在《史记》一书中，把对于自然现象的研究和阴阳五行的迷信说

→清人绘司马迁像

法加以区别。为此，他在《太史公自序》中，全文引用父亲司马谈的《论六家要旨》，认为"夫春生、夏长、秋收、冬藏，此天道之大经，弗顺则无以为天下纲纪"，提出"阴阳四时"，"顺之者昌，逆之者不死则亡"，"四时之大顺，不可失也"。

司马迁认为春夏秋冬四季是自然界的规律，是人们从事生产活动的依据，事实上对阴阳五行的迷信思想进行了有力的批判。他批评当时颇为流行的占星术、望气术和相信神仙等迷信思想，说"星气之书，多杂礻几祥，不经。"不可相信。在《封禅书》和《武帝本纪》中，司马迁对汉武帝的求仙迷信活动，予以嘲讽和讥刺，书中的"其效可睹矣"5个字，是对汉武帝的可笑举动的否定。司马迁依据大量史料，从许多历史人物的遭遇中总结出：许多品行恶劣、行为不轨、作恶多端的奸邪之人，往往权势显赫，安富尊荣地度过一生；而那些廉洁公正的人士，却往往遭受苦难，不幸惨死或早亡，因而司马迁发出了"余甚惑焉！傥所谓'天道'，是邪非邪"的质问。在《项羽本纪》中，对项羽的"天亡我"提出驳难，指出项羽"欲以力经营天下，五年卒亡其国，身死东城，尚不觉寤，而不自责，过矣。乃引'天亡我，非用兵之罪也'，岂不谬哉！"司马迁用"天人相分"的朴素唯物主义思想来观察问题、研究历史，使得他在认识和分析历史上的成败得失、总结历史规律上，往往能得出合乎历史实际的科学认识。是《史记》一书在坚持历史科学的科学性上取得成就的重要原因之一。

第二，同司马迁在天人关系上的正确观点相联系的，是司马迁对"人"在历史上作用的重视。《史记》的以人物传记为中心的述史体例，也充分地说明了司马迁的"成事在人"的思想。在《史记》的人物传记

→纪念司马迁题词

中，司马迁以"不虚美，不隐恶"的态度，揭露了封建统治者的许多暴行、暴政及其丑恶面目。在《高祖本纪》中，司马迁记载了刘邦推翻暴秦、建立汉帝国的功劳，记录了他知人善任、深谋远虑、豁达大度、从谏如流的许多动人故事，同时也揭示了刘邦的另一副面孔，即虚伪、狡诈和某种市井无赖的习气。例如起义前的"好酒及色"，楚汉战争时期彭城兵败逃命，再三地把同车的儿子、女儿推下去不顾，为的是轻车快逃，保自己的活命；项羽以刘邦的父亲为人质，为解围的缘故，以杀太公相要挟，刘邦却说我们曾约为兄弟，我的父亲即是你的父亲，"必欲烹而翁，则幸分我一杯羹。"刘邦做了皇帝后，当着群臣的面讽刺父亲当年训斥他不治产业，不如二弟，说道："始大人常以臣无赖，不能治产业，不如仲力；今某之业所就，孰与仲多？"一次，周昌入宫奏事，碰上刘邦白日拥戚姬取乐，周昌急忙避开，刘邦却追上并骑在周昌的脖子上问道："我何如主也？"周昌回答说："陛下即桀纣主也。"

同情人民起义和反抗斗争，是《史记》重人事的又一进步思想。在《酷吏列传》中，他揭露了酷吏的"以恶为治"，并以同情的态度描写了人民群众的反抗斗争："大群至数千人，擅自号，攻城邑，取库兵，释死罪，缚辱郡太守、都尉，杀二千石，为檄告县趣具食。小群以百数，掠卤乡里者，不可胜数也。"又写道，在统治者的出兵镇压过后，"复聚党阻山川者，往往而群居，无可奈何。"特别是司马迁以极大的热情记述了秦末农民大起义的史事，对陈胜、吴广的"首事"给予充分的肯定，称"桀纣失其道而汤武作，……秦失其政而陈涉发迹"，把陈涉视为如同汤王、武王一样的伟大人物，把陈胜写入世家。对推翻暴秦的另一位人物项羽，司马迁也是作为英雄来描写，把项羽写入本纪。

司马迁痛恨暴政，因而历史上的反暴志士都成了他讴歌的对象。在《刺客列传》中，他写了曹沫劫齐桓公、专诸刺吴王僚、豫让刺赵简子、聂政刺韩相侠累、荆轲刺秦王等等。司马迁写《刺客列传》，也承认"今游侠，其行虽不轨于正义"，但他却歌颂刺客们"其言必信，其行必果，已诺必诚，不爱其躯"的视死如归的反暴精神。司马迁歌颂游侠，表达了广大人民反抗强暴的愿望。在为游侠、刺客立传的同时，他还在《史记》中记载了一些出身中下层的社会人物，如《魏公子列传》中献计窃虎符的夷门监者侯嬴，椎杀魏国统兵大将晋鄙的屠者朱亥，促使魏公子清醒后归国的毛公、薛公等等。

热情歌颂爱国人物和有重大历史贡献的人物，是司马迁《史记》重视人的作用的又一表现，例如礼贤下士的信陵君魏公子无忌，"先国家之急而后私仇"的赵国名相蔺相如，"正道直行""九死不悔"的伟大爱国诗人屈原，使匈奴闻风丧胆的飞将军李广以及历史上那些做出贡献的许多政治家、军事家、思想家、医学家等等。

总之，司马迁撰写历史人物传记的实际情况表明，他以自己的文笔极其深刻地表现了自己的爱与憎。他歌颂反抗暴政的英雄人物，对包括游侠、刺客的抗暴精神予以赞扬，称赞热爱国家、品格高尚以及在政治、经济、军事、科学和文化上有过重大贡献的历史人物，同时讽刺和斥责残暴的统治者和其他丑恶现象，体现出了司马迁的进步史学思想。

第三，司马迁以"通古今之变"作为撰写史书的原则，注意"原始察终，见盛观衰"，探求盛衰的规律，认为"盛"中往往包含着"衰"的因素。例如《史记·平准书》在记载汉武帝初年"民则家给人足，都鄙廪庾皆满，而府库余货财"的同时又记载："兼并豪党之徒，以武断于乡曲。宗室有土公卿大夫以下，争于奢侈，室庐舆服僭于上，无限度。物盛而衰，固其变也。"

第四，司马迁在撰写《史记》时，对社会经济活动予以相当的重视，写了《货殖列传》《平准书》《河渠书》，认为："富者，人之情性，所以不学而俱欲也。"又从古人所说的"仓廪实而知礼节，衣食足而知荣辱"中得出了"礼生于有而废于无"的结论，把人们对物质财富的追求视为社会发展的原因。在《河渠书》中，把秦国建成郑国渠所带来的巨大效益同秦国"卒并诸侯"直接联系起来，揭示物质资料的生产活动在历史进程中所起到的重要作用，显示出司马迁历史观中的卓越见解。

第五，在《史记》书中，司马迁写了《匈奴列传》《大宛列传》《西南夷列传》《南越列传》和《朝鲜列传》，记载了汉民族同周边民族交往的历史，开创了在《史书》中为少数民族立传的先例，是他进步史学思想的又一重要方面。

司马迁《史记》作为我国第一部纪传体的通史，它在编纂学上所取得的成就和书中所体现出来的进步史学思想，在中国史学史上享有崇高的地位，因此鲁迅称《史记》为"史家之绝唱"。

司马迁《史记》在史学上所取得的成就，是同它在文学上取得的成就的巧妙的结合与统一。《史记》开创了我国的纪传体史学，同时也开创了我国的传记文学。在《史记》以前的历史著作中，虽然也记述人物活动，在系年记事或分国记事的史书如《左传》或《国语》中，虽然也有过人物活动甚至对人物性格的刻画，但总的说来，人物是作为某一事件的附庸而出现的。以写人物为中心的纪传体史书《史记》的出现，从根本上改变了这一状况。纪传体史书用记录人物一生事迹来反映历史情况，这在客观上就提供了这样一种可能，即在作品中更集中地刻画人物性格，较完整地写出人物的一生及其命运，以达到作者的预期目的。这种以写人物为中心的纪传体史书，与主要靠描写人

物来反映社会的文学特别是传记文学，在精神上有了更多的一致性。

《史记》写人物生平的特点之一，是它并不采用概述的方式，而是通过对人物生活经历的具体描写，即通过对人物言行与活动场面的具体描写，来再现历史人物的生动面貌，从而增强了文学的特性。此外，《史记》描写历史人物，不仅是以"实录"的精神对人物生平活动从实记录，而且寄托着作者的褒贬和鲜明的爱憎感情，"寓论断于叙事之中"。《史记》的倾向性是靠形象的感染力表现出来的，与一般的历史著作有所不同，从而更接近文学作品，具有文学的特征。

韩城太史祠高高的牌楼上有四个字"高山仰止"，喻司马迁德高如山，世人至为敬仰。

人固有一死，或重于泰山，或轻于鸿毛。

《史记》人物传记在描写人物上所取得的极高艺术成就，表现在描写人物所运用的艺术手法上。这些手法，主要有以下三个方面：

第一，《史记》人物传记善于抓住人物一生中最具有典型意义的事件和行为，用来突出人物的主要性格特征。司马迁在为张良写《留侯世家》时说：张良"所与上从容言天下事甚众，非天下所以存亡，故不著。"可见，凡是与天下存亡无关、不足以揭示张良这一"谋臣"形象和主要性格特征的材料，被司马迁一概舍弃，只是选择典型事件和行为来刻画张良。司马迁用这一原则刻画人物所获得的成功，在《史记》一书中不胜枚举。其中，司马迁着意刻画的项羽，是一个最为成功的典型范例。项羽是秦末农民大起义中一位具有传奇色彩的英雄人物，他勇武过人，所向无敌，为人直率磊落，不屑于用阴谋，但也刚愎自用，残酷暴烈，因而招致失败。作者对于这样一位在秦汉之际叱咤风云、不可一世、骤然失败的悲剧性历史人物，作为一个失败了的盖世英雄来加以描写和歌颂。为此，司马迁只是抓住项羽一生中三件大事来刻画他的英雄形象。这三件大事，便是钜鹿之战、鸿门之宴、垓下之围。在上述三个事件中，作者通过详细的描写，淋漓尽致地刻画了项羽的主要性格特征。在巨鹿之战中，写项羽破釜沉舟，叱咤风云，勇冠三军，以一当十，是摧毁秦军主力的盖世英雄。因此，他成了反秦中的所向无敌、众望所归、天下注目的英雄人物；在鸿门宴中，写项羽的坦率、天真以及不屑于阴谋与"不忍"之心，因而放纵了对手，为自己留下了后患和悲剧的种子，在垓下之围中，写项羽慷慨赋诗，告别虞姬，勇敢突围，斩将夺旗，至死仍是所向披靡；在乌江江畔，他因"无颜见江东父老"，没有乘乌江亭长为他准备的小船渡江，以图卷土重来，而是作出了兵败自刎的抉择。三件典型事件显示了项羽的主要性格特征，表达了作者对于这位英雄人物的深切同情和对他身上某些弱点的批判。

第二，《史记》善于把人物事迹，历史事件故事化。司马迁吸取了《左传》一书善于把历史事件和人物活动经过剪裁加工、使之成为首尾完整故事的成就，在人物传记中有所发展。在写人物生平时，具体地写出人物之间的关系、矛盾和冲突，从而构成曲折动人的情节，收到了引人入胜的效果。《项羽本纪》中关于鸿门宴的一段故事，可以说是最具代表性的例子。这里，写沛公刘邦先入咸阳后想称王于关中，他手下的曹无伤派人向项羽告密，项羽大怒，想消灭刘邦。而项羽的叔父项伯，与刘邦的谋臣张良有旧交，劝张良立即脱身。张良入见刘邦，报告紧急情况，刘邦通过与项伯结为儿女亲家来使项伯为他向项羽疏通，表示自己绝无野心，于是引出了惊心动魄的鸿门宴场面。项羽的谋臣范增认为刘邦是项羽日后最危险的敌手，主张在宴会上杀掉刘邦。然而，刘邦见到项羽，重叙旧情，只几句话便使得项羽放弃了杀刘邦的预谋，不忍心下手。范增几次暗示动手，项羽都默不作应。于是又出现了项庄舞剑，意在沛公的惊险场面；接着，又出现了樊哙闯入帐中，慷慨直言，食肉饮酒的壮武场面；接着，张良又用计，以上厕所为借口，使刘邦从山间小道溜回自己的军营。结尾部分，写范增拔剑砍碎张良代表刘邦献上的玉斗，说道："唉！竖子不足与谋！夺项王天下者，必沛公也，吾属今为之虏矣！"鸿门宴的这段文字，把刘邦与项羽两大军事集

团的对立与斗争，从事件的发端、发展、高潮和结尾，写得结构完整，惊险曲折，引人入胜。在紧张、复杂的故事情节中，成功地塑造了不同性格的生动形象，为把人物事迹、历史事件的故事化，做出了典型的成功范例，这便是千百年来哙人炙口的鸿门宴故事。

第三，《史记》写人物对话，语言符合人物个性，生动传神；抒情、叙事，极富表现力。不同人物的不同语言，为成功地刻画人物性格及心态，收到了极佳的效果。其中的奥妙，在于人物的对话同人物的身份和处境的符合。例如：《吕不韦列传》中，吕不韦所说的"此奇货可居"，表达一个囤积居奇的大商人的身份和心理。《淮阴侯列传》中乡里少年所说的"若虽长大，好带刀剑，中情怯耳"，"信能死，刺我；不能死，出我胯下！"把一群流氓恶少欺人时的无赖口吻和流氓行径，刻画得淋漓尽致。《张丞相列传》写御史大夫周昌口吃："臣口不能言，然臣期期知其不可！陛下虽废太子，臣期期不奉诏！"用象声词"期期"把周昌在急切时说话口吃的样子生动地再现出来。在《陈涉世家》中，陈胜当年的乡下伙伴来访，见宫殿华丽、广深，惊讶地说："伙颐，涉之为王沉沉者"，以农民的口气，表现农民的惊讶神态与质朴性格。至于写人物动作、

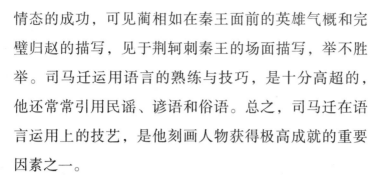

情态的成功，可见蔺相如在秦王面前的英雄气概和完璧归赵的描写，见于荆轲刺秦王的场面描写，举不胜举。司马迁运用语言的熟练与技巧，是十分高超的，他还常常引用民谣、谚语和俗语。总之，司马迁在语言运用上的技艺，是他刻画人物获得极高成就的重要因素之一。

司马迁不仅在传记文学、人物刻画上取得了极高的成就，而且把中国的历史散文在战国时代所取的成就上，又推向一个新的高峰，对后代的散文，包括唐宋时期的古文运动、明清时代古文家，都有深远的影响。后世的散文学家，其有成就者，无不熟读《史记》，从《史记》的散文中接受熏陶，从而各自在不同的时代为中国散文的发展作出自己的贡献。

《史记》人物传记的故事化手法，在塑造人物形象、刻画人物性格、运用人物对话以及情节安排与细节描写上所取得的成就，原具有小说的特点，给后世小说家以很大的启发。同时，《史记》在后来又成为元明戏曲的一个重要的题材来源。

《史记》一书的成就表明，它既是一部伟大的史学巨著，也是一部伟大的文学名著。这部名著的作者司马迁因此而成为我国史学史和文学史上的伟大史学家和伟大文学家。司马迁和他的《史记》在中国史学

史和文学史上所享有的崇高地位，是千百年来人们所公认的。

　　是汉武帝盛世的伟大时代，造就了伟大的司马迁。司马迁是汉代文化名人中当之无愧的第一伟人。当后人阅读司马迁用毕生心血写成的这部惊天地、泣鬼神的不朽名著，人们在钦佩他那淖尔超群的才华和古今少见的大手笔的同时，又怎能不为他那不幸的遭遇和为后世留下著作而忍辱负重的伟大献身精神而深受感动呢？古往今来的一切伟大作品，从屈原的《离骚》，司马迁的《史记》，到曹雪芹的《红楼梦》，有哪一部不是作者用尽全部心血而铸成的不朽文字呢？

← 司马迁祠内石刻